세계화의 창(窓) 동남아:
사회·문화의 혼종적 재구성

Southeast Asia in a Globalizing World:
Exploring Social and Cultural Hybridity

서강동연 HK학술총서 4

세계화의 창(窓) 동남아: 사회 · 문화의 혼종적 재구성

초판 1쇄 발행 | 2018년 5월 31일

지은이 | 심주형, 백용훈, 최승연, 정정훈, 최인아
발행인 | 박종구
편집인 | 이정재
발행처 | 서강대학교출판부

주 소 | 서울특별시 마포구 백범로 35(신수동)
전 화 | (02)705-8212
팩 스 | (02)705-8612
등 록 | 제2002-000170호

ISBN 978-89-7273-344-7 93910

값 12,000원

* 이 책은 2008년 정부(교육과학기술부)의 재원으로 한국연구재단의 지원을 받아 서강대학교 동아연구소 인문한국지원사업의 일환으로 수행된 연구의 결과입니다(NRF-362-2008-1-B00018).

서강동연 HK학술총서 4

세계화의 창(窓) 동남아:
사회·문화의 혼종적 재구성

심주형, 백용훈, 최승연, 정정훈, 최인아 공저

Southeast Asia in a Globalizing World: Exploring Social and Cultural Hybridity

서강대학교출판부

책머리에

이 책은 동아연구소 동남아연구사업단에 소속된 소장학자들이 인문한국(HK)지원사업 제3단계 4차년도 연구아젠다로 제시된 "지구화 과정과 열린 동남아체계"라는 다소 추상적이고 포괄적인 문제의식을 자기의 전공영역과 관련 지어 구체적인 연구들로 구체화한 연구성과들을 담고 있다.

5명으로 구성된 필진은 모두 최근 5년 사이에 학위를 취득한 '참신한' 신진박사들로서 대학원 과정부터 동남아시아를 전문적으로 학습하고 연구해 온 명실상부한 동남아 지역전문가들이다. 그 중 4명은 HK사업을 수행 중인 동아연구소에서 연구교수로 재직 중이고, 태국 전통직물 생산의 복합적인 의미를 분석한 최승연 박사만 외부로부터 초빙된 필자이다. 필진이 모두 신진학자로 구성된 만큼 각자 선정한 연구주제들은 한결 같이 열정과 신선함이 묻어나고, 동남아의 지역적 특성인 갖가지 다양성이 이 책에서도 필자들의 상이한 전공 분과학문－인류학, 사회학, 정치학, 의류학－과 상이한 전공 국가－베트남, 태국, 인도네시아, 싱가포르－의 교차조합을 통해 다채롭게 표출되고 있다.

필자들은 이렇게 상이한 전공분야와 전공국가 그리고 다양한 개인적인 연구관심들을 이 책을 통해 하나의 공통된 문제의식으로 모아보고 있다. 동남아를 한 마디로 특징 짓는 "다양성 속의 통합"(Unity in Diversity)이란 모토처럼, 그리고 이 책의 제목 "세계화의 창, 동남아"가 시사하는 것처럼, 5명의 필자들이 그려내는 구체적인 연구들은 세계화라는 거스를 수 없는 시대적 추세가 동남아라는 다채로운 창에는 어떻게 비춰지는지를 보여주고자 한다. 추상적으로는 신자유주의와 외국문화, 구체적으로는 인터넷, 미인대회, 전통직물이 모두 세계화를 추동하거나, 흐름을 구성하거나, 아니면 결과로서 표출되고 있을 것이다. 이 5편의 개별 연구들은 하나하나가 독자적 사례연구를 구성함과 동시에, 세계화의 충격과 결과에 관한 비교연구를 위해서도 좋은 재료를 제공한다.

지난 해에 이어 올해에도 서강동연 학술총서를 기획하는 책임을 맡아 여러 권의 출판을 성사시킨 배기현 교수와 이 책의 원고 수집부터 편집과 출판사와의 협의까지 어려운 일들을 도맡아 처리해 준 최인아 연구교수에게 감사와 축하의 말씀을 동시에 전한다. 이 책의 필진으로는 참여하지 않았지만 수 차례 회의를 통해 비평과 격려를 아끼지 않은 나머지 다섯 분의 동아연구소 교수들과 함께 이 총서를 읽는 즐거움을 나누고 싶다.

2018년 4월

서강대학교 동아연구소 소장

신윤환

차례

1.

여성성, 아름다움, 소수민족 그리고 초국적 경합: 베트남 미인선발대회 열풍의 문화-정치적 함의

심주형

1 여성성, 아름다움, 소수민족 그리고 초국적 경합: 베트남 미인선발대회 열풍의 문화-정치적 함의

심주형

Ⅰ. 글을 시작하며: "나는 미스 유니버스 베트남입니다!"

2018년 1월 6일 저녁 베트남의 중남부 카잉호아(Khánh Hòa) 성의 냐짱(Nha Trang)에서는 우여곡절 끝에 해를 넘겨[1] "미스 유니버스 베트남 2017" 최종 선발대회가 개최되었다. 결선에 오른 42명

---

1 당초 계획에 따르면 2017년 12월 2일에 개최할 예정이었지만, 제12호 태풍 담레이(Damrey)가 베트남 중남부 지역, 특히 카잉호아 지역에 막대한 피해를 입혔던 2017년 11월 4일, 미인대회 개최지역의 "90%"가 단전 상태인 상황에서도 강행된 "미인대회 준결승전"에 대한 대중들의 분노가 터져 나왔다. https://news.zing.vn/tranh-cai-vi-ban-ket-hoa-hau-hoan-vu-viet-nam-to-chuc-ngay-bao-lon-post793228.html 2018 (2018. 1. 30. 접속) 결국 베트남 정부가 나서서 대회조직위회의 활동을 일시 중단시켜 최종 선발대회가 연기 되는 초유의 사태가 벌어졌다. https://tuoitre.vn/bo-van-hoa-yeu-cau-tam-dung-thi-hoa-hau-hoan-vu-viet-nam-2017-20171107161429577.htm (2018. 1. 30. 접속)

의 젊은 여성 참가자들이 "나는 미스 유니버스 베트남 2017입니다! (Tôi là Hoa hậu Hoàn Vũ Việt Nam 2017!)"를 외치며 시작된 이날 대회는 베트남 국영방송 채널인 VTV1[2]을 통해 베트남 전역으로 생중계 되었는데, 최종 결과는 관객들과 수많은 시청자들의 예상을 벗어났다. 강력한 우승후보들을 제치고 소수민족 에데(Ê Đê) 출신의 허헨니에(H'Hen Niê)가 "미스 유니버스 베트남"으로 선정된 것이다. 1988년 베트남 사회주의 공화국에서 최초의 미인대회가 개최된 이래, 그리고 미스 유니버스 세계대회가 베트남에서 열린 2008년 이후, 소수민족 출신의 "갈색 피부, 단발 머리"를 지닌 여성이 베트남을 대표하는 미인으로 선정된 것은 최초의 일이었다.

베트남사회에서 미인대회 역사는 그 자체로 상징적인 문화-정치적 사건이었다. 개혁개방과 자본주의 시장경제로 전환을 결정한 "도이머이(Đổi Mới)" 정책이 채택된 지 불과 1년여 만에 첫 번째 미인대회가 "베트남 사회주의 공화국"에서 열렸고, 세계무역기구(World Trade Organization)에 정식 가입한 해에는 최초의 "민족 미인대회(cuộc thi Hoa hậu các Dân tộc Việt Nam)"가 소수민족 여성들의 참여를 독려하며 개최되었다. 곧이어 '미스 유니버스' 세계대회(2008년)가 베트남 냐짱에서 개최되었는데, 미국의 방송국인 NBC가 베트남 전쟁 이후 처음으로 베트남 현지에서 프로그램의 제작과 실

2 베트남 국영방송의 1번 채널이 뉴스와 당-국가의 주요행사를 방영하는 채널-2011년부터 스포츠 및 오락 예능 프로그램은 국영방송 채널 VTV3가 전담-이라는 점에서 이 미인대회의 위상을 엿볼 수 있다.

황 중계방송을 맡아 전 세계로 송출하였다. 그리고 10여 년이 지난 2018년, 베트남의 다수종족인 낑족(Kinh)과 역사적으로 베트남 민족국가체와 지속적인 긴장관계를 형성해 왔던 중부고원지대 닥락(Đắk Lắc)성의 에데족 여성이, 베트남을 대표하는 "미인(hoa hậu)"[3]이 되었다.

이 글은 베트남 미인대회의 역사에 주목하면서, 오늘날 베트남사회와 '미디어경관(mediascape)' 내에서 "소란(xôn xao)"을 일으키고 있는 '미인대회 열풍'에 배태되어 있는 문화-정치적 함의를 분석해 보고자 한다.

전통적인 맑시스트 관점에서 미인대회는 "부르주아적 퇴폐문화(bourgeois decadence)"의 한 사례로 간주되어 왔다. 오늘날 미인대회에 관한 상당수 논의들도 여성의 신체 혹은 외모를 미디어를 통해 성적으로 대상화하고 억압하며, 자본주의적 상품화 과정에 귀속하는 것으로 바라보는 비판적 관점을 유지하고 있다. 또한 영국과 미국의 비키니와 수영복 회사에 의해 시작된 미인대회[4]가 자

3 베트남어에서 미인을 지칭하는 일반적인 말로는 "응어이 뎁(người đẹp)", "미년(mỹ nhân)", "호아코이(hoa khôi;花魁) 등이 있고 미인대회를 "티응으어이뎁(thi người đẹp) 혹은 "티냔삭(thi nhan sắc)" 등으로도 부른다. 그러나 3장에서 다시 언급하겠지만, 전국적 규모의 미인대회를 공식적으로 "티 호아허우(thi hoa hậu)"로 쓰고, 우승자를 "호아허우 (hoa hậu; 花后)", 차점자를 "아허우(á hậu; 亞后)"로 부르는 규정이 있기에 이 글에서는 티 호아허우를 "미인대회"로, 호아허우를 "미인"으로 표기한다.

4 이른바 오늘날 "세계 4대 미인대회" 중 1951년 영국에서 시작된 미스 월드(Miss World) 선발대회가 가장 오랜 역사를 지니고 있고, 1952년 미국에서 시작된 미스 유니버스(Miss Universe) 선발대회는 1926년에 사용되었던 가장 오래된 미인대회 "타

본주의 소비-대중문화와 더불어 전 세계적 규모로 확산되면서, 여성을 재현하고 전유하는 '남성주의적 시선'을 뿌리깊게 내재화 하고 있다고 비판한다. 이러한 관점은 여성의 신체를 '성적 매력'이라는 교환가치에 국한해 수동적(혹은 억압적)인 여성성으로 재생산하는 과정에 대한 문제제기로써 중요한 의의가 있으며, 1960년대 미국의 미스 아메리카 반대운동의 사례처럼 직접적인 사회운동으로 표출되기도 하였다.

한편, 미인대회에 대한 비판적 관점과 반대운동이 맑스주의나 여성주의적 관점에서만 제기되고 표출된 것은 아니었다. 2002년 나이지리아와 2013년 인도네시아에서의 "미스 월드 선발대회" 사례(김형준 2015)에서처럼 미인대회 비판은, 종교적 믿음과 정치적 지향을 매개하고 재구성하며 직접적인 폭력사태로 전화하기도 했다. 두 국가에서 벌어진 사건은 미인대회를 일반적 관점 혹은 구조적 관점에서만 바라보기보다 특정한 정치-문화적 맥락에 대한 이해를 통해 접근할 필요성을 제기하고 있으며, 더 나아가 사회의 구조적 모순과 갈등이 드러나고 촉발되는 계기로 바라볼 수 있는 가능성을 제시한다.

이틀(title)"을 가지고 있다. 1960년에 시작된 미스 인터내셔널(Miss International)은 일본에 조직위원회가 있고, 상대적으로 가장 짧은 역사를 지닌 미스 어쓰(Miss Earth)는 필리핀에서 처음으로 개최되었다. 한편, 미스 어쓰를 대신해 미스 슈프라내츄럴(Miss Supranatural)과 미스 그랜드 인터내셔널(Miss Grand International)을 포함한 "미인대회 그랜드슬램(Grand Slam of Beauty Pageants)"도 있다. 이러한 세계 미인대회의 서열화는 지구화시대의 새로운 현상이다.

이 글을 통해 미인대회에 배태된(embedded) 문화-정치적 함의를 읽어 내고자 하는 시도는, 미인대회에 대한 비판적인 관점의 배제와는 무관하다. 오히려 이 글은 미인대회라는 형식의 틀 및 연행적 제한성과 억압성에 대한 비판적 견해를 견지하는 것으로부터 더 나아가 대회를 둘러싼 다양한 행위주체와 담론적 상황의 역동성이 정치-문화적 맥락 속에서 맞물리고 어긋나며 빚어내는 의미의 경합을 포착하고 배태된 의미들을 해석해 보고자 한다. 그동안 미인대회를 직접적으로 연구대상으로 설정하거나 특정 사회와 초국적 상황을 연관지어 그 정치-문화적 함의를 밝혀 보고자 하는 노력은 매우 제한적으로 진행되어 왔다. 미인대회에 대한 관심이 일반적으로 '남성주의적' 혹은 '저급한' 하위문화(subculture)적 취향으로 간주되는 상황에서 학문적 연구대상으로 재설정하기란 쉽지 않은 일이다. 심지어 오늘날 한국과 같은 상당수 국가에서 미인대회 자체가 '미디어경관'에서 주변화 되어, 지상파 텔레비전 채널에서는 더 이상 중계방송 편성이 되지 않은 지도 오래된 터이기에,[5] 미인대회 자체에 대한 관심을 '대중적'인 '사회적 현상'으로 바라보는 것이 적절하고 유효한가에 관한 의문이 던져질 수도 있다.

---

5 한국의 경우 1993년 '미스 코리아' 선발대회에서 발생한 부패 스캔들에 대해 여성단체들이 문제 제기에 나선 이래, 1996년에는 '방송의 미인대회 중계를 반대하는 여성단체의 입장'을 냈고, 1998년에는 방송국 앞에서 시위를 펼쳤으며, 1999년부터는 '안티 미스코리아' 대회를 개최하며 미인대회를 비판해 왔다. 그 결과, 30년 동안 진행되어 왔던 '미인선발대회'의 지상파 종계가 2002년부터 중단되었다. 다음의 두 기사 내용 참조. "미인대회 폐지논란-광고소득으로 중계권 포기 요원"(여성신문 제479호, 1998년 6월 12일) 및 "미스코리아대회 지상파중계 중지"(한겨레, 2002년 4월 29일).

그러나 사회주의 경험을 지닌 베트남–그리고 상당수 동남아 국가들–에서는 공적 공간에서 여성성을 드러내고 재현할 기회가 상대적으로 제한되어 왔다는 점에 주목할 필요가 있다. 이러한 역사적 경험은 미인대회를 근대적 여성성의 공적 재현과 재구성의 기회로 사고하는 경향을 낳았으며, 급격히 확장된 미디어–인터넷 환경 및 "지구화된 뷰티 산업(globalization of beauty industry)의 영향"(McCracken 2014)과 더불어 대중적인 관심이 급격하게 고양되고 있다.[6] 그러므로 미인대회에 관한 일반화된 담론을 반복 재생산하기보다는, 특수한 문화–정치적 상황에 놓인 '내부자적 관점'의 복원을 통해 미인대회를 문화–정치적 현상으로 이해하고 사고해 보고자 하는 것이 이글의 목적이다.

그동안 문화연구자들과 인류학자들은 사회–문화적 관점에서 미인대회를 여성성의 재현과 아름다움의 담론을 생산하는 과정으로 분석하거나, 정체성 혹은 정치적 전유의 대상으로 해석하고자 하는 연구를 진행해 왔다. 김지혜(2014)는 식민지 시대 조선에서 시작되었던 미인대회가 근대적 미인의 이미지를 생산하고 여성의 아름다움에 관한 새로운 담론을 새롭게 구성해 냈음을 밝혔다. 미인대회를 "미인에 대한 사회적 욕구와 개인의 욕망이 체현된 장소"로 바라보고, 대중매체의 역할에 주목(김지혜 2014, 231)한 것은 베트남

---

6 필리핀에서 시작된 '미스 어쓰'뿐만이 아니라, '미스 아세안(Miss ASEAN)'과 '미스 동남아(Miss Southeast Asia)' 등의 미인대회가 "동남아 지역공동체" 내에서 역내 국가들을 옮겨가며 개최되고 있다.

에서 미인대회를 통해 여성성과 아름다움의 담론적 재구성 과정을 이해하는 데 유용한 시각을 제공한다. 한편, 최진숙(2011)은 과테말라 마야미인대회에 관한 연구를 통해 미인대회가 마야인들의 정체성과 전통문화 보존의 가능성을 확대하고 여성의 사회–정치적 참여의 기회를 확장하는 효과를 만들어 내고 있음을 드러내 보였다. 베트남과 같은 다민족 국가의 경우 '소수민족 여성'의 정체성과 지위는 미인대회 내에서도 상대적으로 열악한 상황에 놓여 있다. 최진숙의 논의는 비록 연구대상이 특정한 민족공동체 내부의 축제로서 미인대회에 관한 연구라는 한계가 있으나, 미인대회가 여성에 대한 "물상화"를 넘어 스스로가 속한 집단과 문화에 자부심을 고양하는 등의 긍정적 효과를 낳기도 한다는 점을 간과하지 않았다는 점에서 미인대회에 대한 새로운 해석 가능성을 제공한다. 김형준(2015)은 인도네시아에서 발생했던 2013년 미스월드 선발대회 반대시위를 "이슬람화와 성적 표현의 자유"의 관점에서 분석하였다. 그의 연구는 여성의 신체를 공적인 공간과 매체를 통해 노출하는 '미인선발대회'가 이슬람적 종교와 도덕 윤리의 민감한 이슈인 여성의 성적 표현의 자유라는 문제에 관한 사회적 논쟁을 촉발시키고, 급진적인 이슬람주의를 중심으로 한 새로운 정치 네트워크 형성과 더불어 이념적 동조 현상이 발생하였음을 지적한다. 다시 말해, 서로 상이한 정치적 지향과 종교적 이데올로기를 매개하는 것으로서 미인대회에 대한 반대시위가 진행되었다는 것이다. 인도네시아의 사례는 미인대회가 '여성성'에 대한 이데올로기적 공격의 장이자 정치적 전유의 장으로써 기능하는 상황을 드러내 보이고, "미스 월드 선발대회"와 같은 "초국적 이벤트"가 민족-국가 단위 내의 정치-문화적 상황에서 재해석되는 과정에 주목하게 한다.

리에우(Lieu 2000)는 1975년 이후 미국으로 이주한 베트남 교포(Việt Kiều) 사회에서 개최되고 있는 "아오자이 미인대회(Hoa hậu Áo dài)"에 대한 분석을 통해, 베트남의 해외 디아스포라에서 아오자이를 입은 젊은 여성의 몸이 민족 정체성의 스펙타클(spectacle)을 연행하는 주체가 되며, 동시에 문화적 "고유성(authenticity)"을 두고 경합하는 장이 되는 과정을 드러내 보였다. 또한 미인대회를 조직하고 관리하는 관계망들이 다양한 경제적 이해로 형성되며 미국적 상황에서 '문화적 성적 불평등'과 같은 전통적 지배담론의 재생산과 관계하고 있음을 지적한다. "미인 공장(beauty factory)"의 나라로까지 불리는 베네수엘라의 미인대회에 관한 포괄적인 연구를 젠더와 성정치의 관점에서 진행한 오초아(Ochoa 2014)는 미인대회를 "매체와 미디어(medium and media)에 관한 다중적 감각들을 중재하는 매개물(mediations)"이라는 개념을 통해 분석하였다. 미인대회는 단순히 물질적인 것들이 매개되어 표현되고 연행될 뿐만이 아니라, 젠더(gender), 시민권(citizenship), 인종(race), 민족(nation) 그리고 코스모폴리타니즘(cosmopolitanism)에 대한 상상력들이 매개되는 장인데, 이것을 엔터테인먼트(entertainment)로 은폐하는 것이 권력의 작동 기술이라는 것이다. 리에우와 오초아의 연구는, 미인대회 그 자체를 직접적으로 연구대상으로 삼아 문화-정치적 권력망과 장치들의 작동을 조망하고 다양한 층위의 담론적 전유 양상에 주목하게 한다는 점에서 이 글의 문제의식이 지향하는 바와 맞닿아 있다.

이 글은 먼저, 베트남 사회에서 여성성과 아름다움에 대한 담론들이 재구성되는 양상을 살펴보고자 한다. 특히 전통적 혹은 사회주의적 담론이 전유하던 '여성 전사'의 이미지(심주형 2017a)가 자본주의적 미인에 대한 이미지로 전환하는 과정에 주목할 것이다. 여성성과 아름다움에 관한 담론이 미인대회를 통해 근대적 자본주의적 여성성에 대한 열망(yearning)으로 전화하는 과정을 추적하며 '미인대회 열풍'을 이해해 보고자 한다. 다음으로 베트남에서 미인대회의 역사와 그것을 둘러싼 권력의 작동에 관한 논의를 진행해 보고자 한다. 탈냉전 지구화 시대의 베트남에서 당-국가의 개입과 통치성(govern-mentality)의 대상으로서 미인대회가 전유되는 과정과 민족국가의 경계를 넘나드는 미인대회의 정치-경제가 "재조립(recombinant)"(Schwenkel 2006) 되는 양상을 살펴보고자 한다. 끝으로 '미인 담론'에서 상대적으로 주변화된 주체로 남겨져 있던 소수민족과 여성의 문제에 관해 논하고자 한다. 소수민족에 대한 민족국가적 그리고 초국적 동원과 전유의 정치에 관한 비판적 관점 속에서, 에데족 출신의 미스 유니버스 베트남이 지닌 문화-정치적 함의를 드러내 보임으로써, 오늘날 베트남 사회에서 소수민족 담론, 특히 여성의 지위에 관한 인식의 지평을 넓혀 보고자 한다.

Ⅱ. 베트남의 여성성과 아름다움의 담론적 구성: "네 개의 덕(Tứ Đức), 여덟 글자(Tám Chữ) 그리고 왕관(Vương miện)"

중국의 유교로부터 강력한 영향을 받은 베트남 봉건왕조 이래, 오늘날까지 이어져 오고 있는 베트남의 전통적 여성상은 "꽁 중 응온 하잉(công dung ngôn hạnh; 功容言行)" 즉 여성이 지녀야 할 네 가지의 덕(德)이라는 이미지로 표상되어 왔다.[7] 본래 "꽁"은 여성의 뛰어난 노동력과 생활력을, "중"은 여성의 온화하고 정결한 용모를, "응온"은 여성의 분별력을 지닌 예의 바른 말씨를, 마지막으로 "하잉"은 여성의 헌신적 가사돌봄 노동과 덕행을 강조하는 의미를 지닌다. 이러한 전통적인 유교 담론에 따라 네 가지 덕목을 모두 지닌 여성이 되는 것이 진정한 여성성과 아름다움을 추구하는 것으로 간주되었다.

1930년 베트남 공산당(Đảng Công sản Việt Nam)이 창립된 이래, 과거의 봉건적 사회문화 유산들과 관념들에 대한 대대적인 비판이 활발하게 펼쳐졌다. 특히 유교적 여성상에 대한 비판은 당시 프랑스 식민지 지배세력에 맞서 "항불항쟁(Kháng chiến chống Pháp)"을 펼치고 있던 봉건 지식인 중심의 민족주의 세력과 공산주의 세

7 Dân Sinh (2015. 3. 6.), ""Công-Dung-Ngôn- Hạnh" của phụ nữ xưa và nay" http://baodansinh.vn/cong-dung-ngon--hanh-cua-phu-nu-xua-va-nay-d3322.html (2018년 2월 26일 검색)

력을 구분하는 중요한 지표가 되었다. "땀똥뜨득(tam tòng, tứ đức; 三從四德)"과 같은 여성에 대한 유교적 지배 담론은 사회주의 이념과는 어울리지 않은 것으로 비판을 받았고, 부이티수언(Bùi Thị Xuân)[8]과 같은 봉건시대 반란을 이끌던 여성 장수와 같은 이미지가 부각되기 시작했다.

호찌민(Hồ Chí Minh)은 생전에 "여성해방을 하지 않는다면 인류의 절반을 해방하지 않는 것이다. 여성을 해방하지 않는다면 사회주의 건설을 반만 하는 것이다."[9]라는 발언을 통해 여성해방의 중요성을 강조한 바 있다. 베트남 여성의 "남녀평등권(nam nữ bình quyền) 보장은 "베트남 혁명의 10대 중요 임무 중 하나"로 간주되어 왔으며, '혁명' 이후 공포된 1946년 베트남 민주공화국[10] 헌법에도 명시되었다(Nguyễn T. B. 2012). 베트남 공산당의 반봉건 탈-식민 사회주의 혁명 과업에 있어서, 여성을 사회주의 운동과 전쟁에 참여시키며 지지를 확보하는 것은 매우 중요한 정치적 과제였다.

여성해방을 통한 '사회주의적 여성상'의 재구성은, 봉건적 잔

8 베트남 봉건체제 하의 농민반란이었던 "떠이선(Tây Sơn)" 봉기에 적극 참여하였고, 응우옌 왕조(Nhà Nguyễn)에 맞서 싸우다 붙잡혀 잔인하게 살해되었다. 오늘날 베트남 주요 도시의 도로명과 학교이름 등으로 기억되고 있다.

9 Tạp chí Cộng sản (2017. 4. 19), "Bình đẳng giới trong quản lý cán bộ, công chức" http://www.tapchicongsan.org.vn/Home/Binh-luan/2017/44491/Binh-dang-gioi-trong-quan-ly-can-bo-cong-chuc.aspx (2018년 2월 26일 검색)

10 "1945년 8월 혁명"을 통해 베트남 북부지역에 수립된 사회주의 정권을 말한다.

재의 청산과 근대적 시민권의 동등한 부여에 대한 정치적 선언으로 특징지어질 수 있었다. 그러나 이 새로운 여성상은 앞서 언급한 '네 가지 덕'을 완전히 폐지하는 것이라기보다는 사회주의적인 재해석을 통해 새로운 정치적 미학의 의미를 부가하는 것이었다. 유교적 여성상을 표상하는 '네 가지 덕' 중, 베트남 사회주의 공화국 체제에서도 지속적으로 강조되어 왔던 여성성의 가치는 "꽁"과 "하잉" 다시 말해 여성의 노동력과 사회적 임무에 관한 덕목이었다. 사회주의 건설과 베트남 민족-국가 건설에 있어서 여성은 단순히 '솜씨'를 지닌 가사노동과 "여성적 노동"의 수행자가 아니라 사회적 노동의 수행자로서 가정을 넘어 국가와 민족을 돌보는 역할로 자리매김 되었다. 국가를 의미하는 베트남어 "냐 느억(nhà nước)"은 집/가정(nhà)과 물(nước)이라는 의미를 지닌 단어의 합성어이며, 베트남의 사회주의 민족-국가로서의 역사적 정체성은 "훙왕(Hùng vương)의 자손"이라는 가부장제적 신화의 재생을 통해 구성되었다. 사회주의 민족-국가 건설 주체로서 여성의 이미지와 역할에 대한 강조는 1954년 제네바협정 이후 본격적으로 분단의 정치적 긴장과 전쟁 상황이 전개되기 시작하면서 보다 직접적인 "동원 이데올로기"로 강화되기 시작하였다.

베트남 전쟁 시기 "살구 꽃잎보다 더 아름다운(đẹp tính hơn cánh hoa mai)"[11] 지도자로까지 칭송 받던 호찌민은 베트남 전쟁이

11 남베트남 껀터(Cần Thơ) 출신의 음악가 쩐 끼엣 뜨엉(Trần Kiết Tường)이 1960년에 만든 노래 "가장 아름다운 이름-호찌민(Hồ Chí Minh Đẹp nhất tên người)"의

본격화되고 있던 1965년 3월 8일 세계 여성의 날을 맞이하여 베트남 여성을 "영웅(anh hùng), 불굴(bất khuất), 충성(trung hậu), 담당(đảm đang)"의 덕목을 지닌 이들이라고 치하하며 금색으로 쓰인 여덟 자의 글귀를 하사했다. 이 여덟 글자로 표상된 이미지는 오늘날까지 베트남 당-국가의 대표적 여성관으로 상기되고 있다. 베트남 여성연합(Hội liên hợp phụ nữ Việt Nam)도 여성의 세 가지 임무로 남성을 대신 해 생산과 공무를 수행하고, 가족을 돌보며, 필요시에 전투 준비를 하고 전투를 돕는 "세 가지 담당 운동(phong trào ba đam đảng)"을 펼쳐 나갔다.[12] 이러한 "전시체제" 여성상은 한편에서는 남성이 주도하는 전쟁에서 여성의 후방 보조역할을 강조한 것이자, 가장으로 상징되는 "남성의 부재 상황"에서 여성이 집과 가정을 지킨다는 전통적 이미지의 재활 담론과 관계하고 있었다.

미국의 북베트남지역에 대한 대대적인 공습[13]이 시작되자, 북베트남 지역의 '후방'은 또 다른 전장터와 다름아닌 곳이 되었다. 베트남 전쟁의 포화가 베트남 국토 전역을 뒤덮어 가던, 1966년 10

가사 중 일부이다. 이 노래는 오늘날에도 베트남 당-국가가 주최하는 주요 문화행사에서 불리고 있다.

12 Phụ nữ Việt Nam (2016. 3. 11.), "Lịch sử phong trào "Ba đảm đang"" http://phunuvietnam.vn/lich-su-phong-trao-ba-dam-dang-post6384.html (2018. 4. 2. 검색)

13 미국의 북베트남 지역 폭격작전인 이른바 "천둥소리 작전(Operation Rolling Thunder)"은 1965년 3월부터 1968년 10월까지 집중적으로 펼쳐졌다.

월 20일-현재의 베트남 여성의 날[14]을 맞아 호찌민은 다시 한번 "베트남 여성은 용감하고, 힘든 일을 잘 해내며, 미국을 몰아내고 나라를 구한다"는 글귀를 하사했다. 직접적인 여성의 참전과 애국심의 고취가 시도되고, 남성들과 다름 없는 '항미구국 전사'의 역할이 부여된 여성들은 이제 총을 들고 전장으로 향하거나, 지역방어를 담당하며 미군 전폭기를 향해 대공포를 쏘았다. 베트남 전쟁 기간 동안, 추락하는 전투기에서 탈출한 거구의 백인 미군 조종사 혹은 미군 전투병 포로를 총을 들고 호송하는 여성전사 이미지, 그리고 감옥에 갇혀 고문을 당하고 군사재판에 회부되면서도 미소를 띄었던 보티탕(Võ Thị Thắng)[15]의 이미지는 단순히 베트남 여성의 강인함과 용맹함을 과시할 뿐 아니라 '다윗과 골리앗'의 전쟁에서 승리한 다윗의 이미지이자 여성과 남성의 지위가 역전된, 즉 "집"에 침입한 외부(ngoài) 남성의 폭력성을 제압한 여성성을 상징하는 것이기도 하였다.

강인함과 용맹성 등으로 구성된 "영웅적 여성상"이 혁명과

---

14 베트남에서는 매년 두 번의 '여성이 날'- 3월 8일 '세계 여성의 날(Ngày Quốc tế Phụ nữ)'과 10월 20일 '베트남 여성의 날(Ngày phụ nữ Việt Nam)'-을 기념한다. 베트남 여성의 날은 1930년 '베트남 반제 여성회(Hội Phụ nữ phản đế Việt Nam)' 창립과 "남녀평등"에 관한 선언을 공식화 한 날을 기념하는 날인데, 2010년에 공식 국가기념일로 제정되었다.

15 보티탕은 1968년 "설 총진공과 봉기" 시에 사이곤에서 검거되었고, 그녀의 사진은 "전승의 미소(Nụ cười chiến thắng)"로 알려졌다. VnExpress (2014. 8. 23), "Võ Thị Thắng, một cuộc đời anh hung" https://vnexpress.net/tin-tuc/thoi-su/vo-thi-thang-mot-cuoc-doi-anh-hung-3035130.html (2018. 4. 10. 검색)

전쟁시기 베트남의 여성성을 지배하는 담론이었다면, 전후 사회주의 건설기의 여성상은 "활기찬 여성 노동자(농민)"의 이미지로 특징화할 수 있다. "도이 머이(Đổi Mới)" 정책의 결의 후에 발행된 지폐[사진 1] 뒷면에 인쇄된 여성들의 이미지는 그러한 정형성을 보여준다. 200동 지폐의 경우 논에서 수확하는 여성 노동자가 트랙터를 운전하는 남성 농민의 뒤편에 모습을 드러내고 있고, 2000동 지폐에는 방직공장에서 일하는 여성 노동자들의 모습을 담고 있다. 오늘날에도 사용되고 있는 이 화폐들에 표현된 여성들의 이미지는, 가사노동을 담당하는 여성의 수동적 이미지가 아니라, 사회적 노동에 적극적으로 참여하는 경제주체로서의 여성성에 관한 이미지를 강조하고 있다. 이러한 여성성에 대한 새로운 의미 부여 시도는, 종전 후 다시 집과 가정으로 되돌아가던 여성을 노동 생산에 끌어들이고 사회주의 민족-국가 건설과 발전과정에 동원하고자 하는 당-국가의 정치적 의도와 관계하고 있는 것이기도 하였다.

여성을 경제활동의 주체이자 사회적 노동력으로 포섭하는 이미지들이 '전사의 이미지'에 포개지는(overlapping) 한편에서, 베트남 최초의 미인대회가 하노이에서 개최되었다. 호찌민 공산 청년단(Đoàn Thanh niên Cộng sản Hồ Chí Minh)"의 기관지인 "선봉"의 창립 35주년(1988년)을 맞아 조직된 "선봉 신문 축제 미인대회(Hoa hậu Hội báo Tiền Phong)"는 베트남 사회에 이데올로기적 논쟁을 불러일

사진 1 1987년 9월 30에 발행된 베트남 지폐 200동(đồng)-상단-과 1989년 10월 20일에 발행된 2,000동(đồng)-하단-뒷면에 인쇄된 여성농민들과 여성 노동자들의 모습 (필자 소장본 스캔)

으키는 "폭탄(quả bom)"이었다.[16] 당시에는 "도이머이" 정책이 집행되기 시작한 지 얼마 되지 않은 상황이었고, 심지어는 미인대회를 어떻게 개최해야 하는지에 관한 경험과 정보도 부족할 정도로 미인대회는 "낯선 것"이자 사회주의 이념과 공존할 수 없는 것으로 간주되던 것이었다. 베트남 사회주의 공화국 역사상 첫 번째 공식

---

16 "Cuộc thi Hoa hậu Việt Nam ra đời thế nào?" https://hoahau.tienphong.vn/hh-gioi-thieu/cuoc-thi-hoa-hau-viet-nam-ra-doi-the-nao-998083.tpo (2018. 4. 10. 검색)

미인대회를 조직했던 신문의 편집위원회는 자본주의적 문화의 도입에 소극적인 고위층을 설득해야 했고, 서구에서 개최된 "미스 월드 선발대회" 영상을 구해 시청하며 그 형식을 바탕으로 대회를 준비하였다. 대회의 목적은 청년단의 여성들이 "자아(cái tôi)"를 표현하고 대중 앞에서 아름다움을 선보이는 것이었는데, 전국에서 선발된 50여 명의 참가자들이 당시로서는 파격적인 수영복을 입고 베트남 역사상 최초로 무대 위에 올랐다. 역사상 첫 번째 미인대회 "왕관(vương miện)"은 당시 하노이 통합대학교 영어과 학생이었던 부이빅프엉(Bùi Bích Phương)에게 돌아갔다. 하노이의 가난한 집안에서 태어나 고등교육을 이수하고 있던 여대생 "미스 베트남"은 이전과는 다른 베트남 여성상을 재현하는 것처럼 보였다. 그녀가 집으로 돌아갈 때, 그 광경을 지켜보기 위해 하노이 거리는 수백 명의 사람들로 가득 찼고, 첫 번째 "미스 베트남(당시 명칭은 "미스 선봉")"은 경찰차를 타고 인파를 뚫고 지나가야만 했다.

해외 언론들은 베트남의 미인대회 개최 소식을 "개혁의 신호(tín hiệu đổi mới)"로 보도하였다. 사회주의 사회인 베트남이 본격적으로 자본주의적 문화를 수용하기 시작한 상징적 사건으로 미인대회에 의미를 부여한 것이다.[17] '전사'의 이미지–직접적으로 전쟁과 관계하든 아니면 사회주의 건설과정의 노동 신화와 관계하든–에서 '미인'으로 전화된 여성성의 이미지는 여성성에 드리워진 정치적

17 같은 해, 구소련의 모스크바에서도 소비에트 역사상 최초의 미인대회가 개최되었다.

이데올로기가 해체되는 것이자, 여성의 신체에 관한 미학이 본질화하는 과정이었다. 또한 여성의 아름다움은 "존재하는 상태"로 평가되며 "경쟁"을 통해 가치를 획득하게 된다는 새로운 문법을 수용한 것이었다.

첫 번째 미인대회 이후, 베트남 사회에서는 그동안 억압되어 왔던 여성의 "외형적 아름다움(vẻ đẹp)"에 대한 관심이 폭발적으로 터져 나오기 시작했다. 베트남 전역에서 "미인의 난(loạn hoa hậu)"이라고까지 불리울 정도로 미인대회 열풍이 불어닥쳤다. 여론은 이 갑작스런 변화를 두고 격렬하게 충돌하였다. 결국 베트남 당-국가가 직접 미인대회 문제에 개입하며 관련규정을 마련하고, 미인대회에 관한 규제가 시작되었다.

전통적인 "덕"을 지닌 여성과 사회주의적 "영웅"을 대신하여 "왕관"을 쓴 미인의 등장은 베트남사회의 변화 양상을 보여줄 뿐만 아니라 문화-정치적 여성성의 구성 방식의 변화를 주는 것이었다. 유교 담론 혹은 사회주의 이념으로 구성되던 여성성이 집단적 윤리의 덕목들과 행위성에 기반하고 아름다움의 추상적 가치에 대한 전유에 기반하여 재생산되는 것이라면, 미인대회를 통해 구성되는 여성성은 직접적으로 자아, 즉 개인적 주체의 신체와 연행에 대한 미학적 표준들을 설정하고 그에 따른 평가를 통해 구성되는 것이다. 사실상 오늘날 베트남 사회에서 이 두 가지 상이한 여성성은 문화-정치적 전유의 새로운 장을 만들어 내고 있는 것으로 보인다. 즉, 여성의 외모와 신체가 지닌 사회적 의미와 가치를 두고 전통과 근대, 사회주의와 자본주의적 담론의 경합이 펼쳐지고 있는 것이다.

Ⅲ. 미인대회 열풍과 "미인"에 대한 열망

베트남에서 첫 미인대회가 조직되기 시작한 지 30여 년이 흐른 2017년은 "베트남의 아름다움이 헝클어진(rối bời) 해"[18]로 회자되었다. 미인대회 입상자 관련 스캔들과 대회진행관련 논란 등이 잇따라 터져 나와 여론이 들끓었고, 인터넷과 소셜미디어 등에는 관련 기사와 게시물이 폭발적으로 쏟아져 나왔다. 검색 엔진인 구글(www.google.com.vn)에서 미인(hoa hậu)으로만 검색한 게시물 수가 656만 건에 이를 정도였다.[19] 한 해 동안에만 20명의 새로운 미인이 탄생했는데 이들 중 상당수는 대회 자체도 생소한 "이름 없는 미인(hoa hậu không tên)"들이었다. 범람하는 미인대회의 이름을 기억하기도 힘든 상황에서, 18명의 미인대회 우승자는 그나마도 국내 대회가 아닌 해외에서 개최된 대회를 통해 미인으로 "등극(đăng quang)"했다.

---

18 Tuổi trẻ (2017. 12. 31.), "Hoa hậu 2017 – một năm rối bời của nhan sắc Việt" https://tuoitre.vn/hoa-hau-2017-mot-nam-roi-boi-cua-nhan-sac-viet-20171226083706412.htm (2018. 3. 15. 검색)

19 Zing.vn (2018. 1. 5.), "Những con số biết nói về 'Hoa hậu' năm 2017" https://news.zing.vn/nhung-con-so-biet-noi-ve-hoa-hau-nam-2017-post809087.html (2018. 4. 2. 검색)

베트남 당-국가는 미인대회 열풍이 불기 시작하던 1989년, 문화부 명의의 "미인 선발대회 조직에 관한 규칙(số 46/VH-QĐ, 1989년 9월 18일)"을 제정한 이래, 해당 규칙을 여러 차례 수정 보완해 왔다. 2008년에 제정된 규정(số 87/2008/QĐ-BVHTTDL)은 특별히 "국제미인대회 응시자의 규정과 조건"을 명시하고 있는데, 이에 따르면 베트남 국적자로서 해외에서 개최되는 미인대회에 응시하기 위해서는 국내 미인대회에서 공식 입상한 경력이 필요하다. 즉, 국내에서 미인으로 선발되어 검증된 사람만이 국제대회에 대표로 나갈 수 있다는 규정이다. 베트남 여성의 국제미인대회에 참가를 당-국가가 허가한다는 것은 한편에서는 가부장제적 국가(patriarchal state)의 면모를 떠올리게 하고, 다른 한편에서는 세계 미인대회를 민족-국가적 경쟁의 장으로 이해하는 사고를 보여준다.

"미인 인플레 현상"이라고까지 부를 수 있을 각종 미인대회의 난립 상황을 통제하기 위해 베트남 정부는 시행령(số 79/2012/NĐ-CP)을 통해, 전국 규모의 미인대회 개최를 한 해 2회로 제한하였다.[20] 이 시행령은, 미인대회를 국가가 관리해야 할 대중문화의 주요 분야로 포함시키고 있을 뿐 아니라, "미인대회 시장"에 대한 개입을 공식화하고 미인대회를 그 규모와 내용에 따라 차등화 할 수 있는 권한을 국가에 귀속하고 있다. "이름 없는 미인들"이 난

---

20 시행령 제 17조(số 79/2012/NĐ-CP)에 따르면, 전국적 규모의 미인대회는 "호아 허우(Hoa hậu; *花后*) 대회"라는 명칭을 사용하며, 전국적 규모가 아닌 미인대회는 지역, 업종, 중앙단체의 경우 1년에 3회, 각 성은 1년에 1회 개최할 수 있다.

립한 2017년에는 "미스 대양주 대회(Hoa hậu Đại dương)"와 "미스 유니버스 베트남 대회(Hoa hậu Hoàn vũ Việt Nam)" 등 두 대회만이 베트남 정부의 공식 인가를 받고 개최된 것이었다. 당-국가의 직접적인 관리와 국내 미인대회 개최 횟수의 제한은 미인대회의 난립을 막아 미인의 가치를 안정화 하고자 하는 의도와 결부되었으나 현실적인 어려움을 겪을 수밖에 없었다. "미인대회 왕관"을 쓰는 것을 통해, 주목받을 만한 '이력(lý lịch)'을 만들고 미디어-예능 시장에서 "인생역전(đổi đời)"의 기회를 획득하고자 하는 여성들의 욕망을 억누르기에는 역부족이었다. 세계 곳곳에서 개최되는 미인대회들이 '대안'을 찾는 베트남 참가자들을 수용하기 시작했기 때문이다. 당-국가가 관리하며 그 기회가 제한된 국내 미인대회와 대조적으로, 해외에서 개최되는 미인대회는 상대적으로 느슨한 규정과 낮은 경쟁률, 그리고 국내 대회 입상 후 해외 대회에 나가는 번거로움과 수고를 해외 대회 입상 한 차례로 아우를 수 있다는 점에서 많은 미인 지망생들에게는 오히려 기회의 장이기도 했다.

베트남 해외교포(Việt Kiều) 커뮤니티에서도 미인대회는 본국 못지 않은 관심의 대상이자 중요한 문화-정치적 이벤트가 되어 왔다. 베트남 전쟁 이후 미국으로 건너가 정착한 베트남 해외교포들은 1977년 북부와 남부 캘리포니아에서 베트남 전통의상인 아오자이(áo dài)를 입은 여성들이 참여하는 미인대회를 개최하며(Lieu 2000) 베트남인의 민족적 정체성을 고양하고자 했다. 최근에 해외의 베트남 커뮤니티에서 개최되는 미인대회는 참가 대상을 "베트남계(gốc Việt)"로 확대하고, 베트남 본국 출신, 그리고 전 세계 베트남 커뮤니티의 여성들이 함께 참가하는 행사로써 미인대회의 위상을 확대해 나가고 있다. 탈냉전 시대에 형성된 변화된 "지구적 민족 질서(the globalized national order)" 하에서 미인대회는 베트남계 여성의 연결망과 민족적 정체성을 상상하게 하고, 베트남 여성의 아름다움을 세계무대에 재현하는 행사로써 의의를 획득하게 되었다.

지난 30여 년간의 미인대회 역사는 '미인대회 왕관을 쓴' 여성들의 삶과 함께 전개되어 왔던 것이고, 단순히 대회 상금[21]을 획득하거나 여성적 아름다움을 인정 받는 명예를 얻는 것을 넘어서는 사회적 '성공 신화'를 만들어 왔다. 미인대회 수상자는 베트남의 미디어-예능 시장에서 화려한 스포트라이트를 받는 유명인사가 되었고, 종종 "갑부(đại gia)"들과의 스캔들이 대중들의 존평을 불러일으키거나 스스로 창업을 통해 성공한 사업가로서의 면모를 보이며 미디어의 관심을 끌었다. 상대적으로 사회적 기반이 취약한 젊은 여성이 미인대회 입상을 통해 '사회적 지위'를 공인 받으며 사회적 자본을 구축하고, 공인 받은 스스로의 신체적 아름다움을 '환금(換金)'하고 교환할 가능성을 획득하게 되는 모습들을 통해 미인대회는 물신화 되었다.

---

21 1988년 첫 번째 미인대회 우승자에게는 왕관과 동독제 Mifa 자전거(당시 금 4돈의 가치)가 주어졌다.

베트남 사회의 "미인대회 열풍"을 이해하는 데 있어 베트남의 노동시장 상황은 또 다른 시사점을 제공한다. 2016년 여성 취업자 수는 남성 취업자 수보다 9% 정도 적고, 젊은 여성의 실업률은 7.5%에 이른다.[22] 2017년 통계에 따르면 베트남의 대학졸업자 월평균 임금은 770만 동(2008년 4월 기준 약 338달러)[23]에 불과하다. 또한 여성은 남성보다 약 23% 정도 적은 임금을 받는 임금 차별을 겪고 있다.[24] 이러한 단순 통계 지표만이 아니라, 노동현장에서 실제로 담당하는 업무, 그리고 노동현장에서 겪는 차별과 성폭력 문제 등도 여성들의 사회 진출과 활동을 제약하는 심각한 걸림돌이 되고 있으며, 자본주의적 노동 시장에서의 경쟁을 통해 자신의 꿈을 실현할 수 있는 가능성을 가로막고 있다.

이처럼 여성들에게 호의적이지 않은 노동시장 상황에서, 미인왕관을 쓴 여성들이 획득한 경제적 성공과 자유롭고 화려하게 보이는 삶의 이야기들은 독립적인 여성 주체의 욕망 서사로 구성되고, 근대적이며 시장주의적인 "여왕(nữ hoàng)"의 신화로 물신화된

---

22 Nhân Dân (2018. 3. 8.), "Phụ nữ có nhiều nguy cơ thất nghiệp hơn nam giới" http://www.nhandan.com.vn/xahoi/item/35737302-phu-nu-co-nhieu-nguy-co-that-nghiep-hon-nam-gioi.html (2018. 4. 15. 검색)

23 Infonet.vn (2018. 3. 16), "Lao động trình độ đại học thu nhập bình quân 7,7 triệu đồng/tháng" http://infonet.vn/lao-dong-trinh-do-dai-hoc-thu-nhap-binh-quan-77-trieu-dongthang-post256556.info (2018. 4. 15. 검색)

24 VTV.vn (2018. 3. 8.), "Bất bình đẳng thu nhập theo giới: Nữ giới vẫn thấp hơn nam giới" http://vtv.vn/the-gioi/bat-binh-dang-thu-nhap-theo-gioi-nu-gioi-van-thap-hon-nam-gioi-20180308180305892.htm (2018. 4. 15. 검색)

다. 한 차례 공식행사에 참여하는 것으로 "평균 2,000~3,000 달러"의 "몸값(cát-xê)[25]"을 받고, 1년 광고계약만으로 "20,000~50,000달러"의 수입을 올리는[26] 젊은 여성이 되는 것은 사실상 미인대회에서의 경쟁을 통하지 않고는 불가능한 자본주의적 신화이다. 그리고 그들의 개인적 삶과 소비적 일상에 대한 대중적 관심으로 측정되는 "아름다움의 가치"에 관한 연행성은, 오늘날 "미인"을 하나의 직업으로 간주하게 한다.

> 오늘날 미인(hoa hậu)은 또한 하나의 직업이며, 따라서 호화로운 쇼에 참여하거나 상표, 광고대사로서 일하고 그 위치를 오랫동안 지속하고 싶어하기 때문에, 체격과 아름다움을 고통스럽게 유지해야만 할 뿐만 아니라 이력을 '깨끗하게' 유지해야 한다. 너무나도 많은 "예기치 않은 사건(tai bay vạ gió)"과 유혹들이 장기간 기다리고 있고, 한순간의 실수가 모든 것을 파괴할 수도 있다. 이것이 또한 미인이 생애 기간 동안 "함께 살아야 할" 압박과 엄중함이다.
>
> (Thế giới Điện ảnh, 2017. 11. 26자 기사 중)

인용한 기사의 내용과 같이, 미인대회에 참가하고 미인으로서 살아가는 것은 단순히 개인의 꿈과 욕망의 실현을 넘어선 일종

25 프랑스어 cachet에서 온 베트남어 표현.

26 Thế giới Điện ảnh (2017. 11. 26) "Hoa hậu Việt kiếm tiền 'khủng' như thế nào?" http://thegioidienanh.vn/hoa-hau-viet-kiem-tien-khung-nhu-the-nao-19101.html (2018. 4. 15. 검색)

의 "심층놀이(deep play)"에 참여하는 것이다. 영국의 철학자 벤담(Bentham)은 "내기 돈이 너무 커서 이성적인 사람이라면 연루되지 않는 게임"으로 심층놀이를 정의한 바 있다. 미인대회에 참가하는 많은 젊은 여성들에 대한 비판적 시각들이 그들의 "허황된 꿈" 혹은 "무모함"을 지적하고 있다는 점에서 오늘날 미인대회가 지닌 심층놀이적 성격에 주목하고 있다고 볼 수 있다. 미인이 되기 위한 경쟁에 참여하고 미인으로 살아가는 것은 미디어경관 내에서 삶의 '이력'이 추적당하는 "벌거벗은 삶"을 받아들이는 것이고, 외모에 대한 끊임없는 관리와 더불어 일상과 비일상의 경계가 불분명한 삶 속에서 대중에게 지속적으로 평가 받는 불안정성 속에서 살아가는 것을 감수하는 것이다. 또한 획득한 지위 혹은 여성으로서 더더욱 취약한 윤리적, 사회적 평판 모두를 한순간에 잃을 수 있는 "내기"에 참여하는 것은 사실상 무모한 행위라고 할 수 있다. 실제로 2008년 이래 각종 미인대회 참가자 및 수상자들에 대한 대중들의 검증이 집요하게 전개되고, "왕관 박탈(tước vương miện)" 요구가 끊이질 않고 있다. 미인대회 그 자체의 의미를 회의하게 하는 사건들도 벌어졌는데, 2014년에는 스스로 왕관을 반납하고자 하는 미인이 등장하는 사태가 발생했고, 2017년에는 "갑부"와 "연인관계"이던 미인이 사기혐의로 고소당해 법정에 서는 모습이 생생하게 보도 되면서 대중적 관심의 대상이 되기도 했다.

이러한 '헝클어진' 상황의 지속에도 불구하고, 미인대회 열풍이 잦아들지 않고 더욱 강렬해지는 현상은 한편에서는 사회주의적 이데올로기가 억압해 왔던 여성적 욕망에 대한 탈사회주의적 해방의 맥락에서 이해해 볼 수 있다. 로펠(Rofel 1999)은 "후기마오주의 시대의 중국"에서 사회주의적 윤리에 의해 억압되었던 "자연적 여성성(natural femininity)"에 대한 해방의 한 형태로써 "과여성성(hyperfemininity)"에 대한 열망이 발생하고 있음을 밝힌 바 있다. 베트남 사회에서도 "윤리적 아름다움" 혹은 "올바른 여성성"에 대한 당-국가의 담론적 전유가 급격한 시장 자본주의화와 미디어경관의 팽창 과정 속에서 이완되면서, 여성성에 대한 재해석이 활발히 진행되어 왔다.

사회주의 이념은 그 자체로는 자연적 성차를 아우르는 "무성적(asexual)" 담론들을 통해 성적 평등을 선언해 왔으나, 앞서 살펴본 바와 같이 전쟁과 사회주의 건설 과정에서 베트남의 여성성은 민족, 국가, 노동 그리고 발전의 이데올로기에 복속되어 왔다. 시장 자본주의 체제로의 재편 과정에서는 "전통적" 혹은 "자연적" 여성성은 사회적으로 구성된 남성성(socially constructed masculinity)의 헤게모니와 보다 직접적으로 경합해야 했다. 개별화된 임노동자로 사회적 차별의 조건에 놓여 있음과 동시에, 결혼, 출산, 양육 등 자연화된(naturalized) 여성성으로 간주되어 왔던 윤리적 책무까지 부여되는 상황에서 스스로의 신체에 대한 관심과 돌봄, 그리고 여성성의 사회적 연행을 통해 표출되는 "과여성성"은 과거와의 단절이자 현실로부터의 이탈 기획으로 이해할 수 있다. 그리고 자본주의적 소비-대중 문화의 범람은 이러한 "과여성성"을 "자연화하는 여성성(naturalizing femininity)"으로 전유하였다. 이러한 상황 속에서 뷰티 산업과 미디어-예능 산업의 복합체인 미인대회는 경쟁을 통해 비역사적인 여성적 아름다움의 권위를 미인에게 부여하는 "과 여성성의 극장"으로 기능하였다.

다른 한편에서, 미인대회 열풍은 대중문화 영역에서 베트남 당-국가의 통치성이 시장 자본주의와 긴장상태에 놓여 있는 상황을 보여준다. 2000년에 공표되었던 미인대회 관련 규정(số 31/2000/QĐ-BVHTT)은 매우 구체적으로 미인대회 참가자의 자격을 명시하고 있다. 내용을 살펴보면, 미인대회 참가자는 "전염병이 없고, 도덕적으로 훌륭한" 여성이어야 한다는 규정이 있고, 더욱 구체적으로 "16세에서 27세 사이"[27]의 "신장 160cm 이상"의 여성으로 명시하고 있다. 전과기록 혹은 형사사건 연루 유무와는 별개로 도덕과 병력 그리고 나이에 관한 규정을 별도로 제시하고 있는 것은, 미인에 관한 당-국가의 상상력과 전유가능성을 삽입한 것으로 이해할 수 있다. 베트남 보건부가 발표한 자료에 따르면 "2018년 베트남 여성의 평균 신장은 153.4cm"[28]이고, 1988년 첫 번째 미스 베트남의 키는 157cm였다. 이러한 사실을 고려해 본다면, 당-국가가 제시한 신장 규정은 보통의 베트남 여성이 미인대회에 참가할 자격

27 현재는 18세 이상으로 규정되어 있다.

28 VTV.vn (2018. 2. 6), "Vì sao thể trạng người Việt Nam kém nhiều nước trong khu vực?" http://vtv.vn/van-de-hom-nay/vi-sao-the-trang-nguoi-viet-nam-kem-nhieu-nuoc-trong-khu-vuc-20180206000950998.htm (2018. 4. 3. 검색)

을 박탈하는 효과를 발생시킨다. 역설적으로 이 신장과 관련된 규정은 그것이 직접적으로 미인의 자격을 지닌 신체를 규정하고 있다는 점에서, 오히려 "긴 다리(chân dài)" 여성에 대한 대중적 물신화를 촉발하기 까지 했다.[29] 당-국가가 미인대회의 세부 규정까지 직접 관리하고자 했던 시도는 2006년 이후로 대회를 조직하는 민간기업의 규정들로 이양되어 왔으나, 미인대회 참가자는 "여성"이어야 하고, "베트남 국민"이어야 하며, "고등학교 이상"의 교육수준을 지니고, 성형수술 등을 하지 않은 "자연미"를 지녀야 한다는 규정은 여전히 유지되고 있다.

매년 당-정부가 승인하여 두 차례 개최되는 전국 규모 미인대회는 당-국가의 관료들이 귀빈으로 참석하고, 어김없이 국영방송 채널을 통해 중계되고 있지만, 대회 운영과 관리에 있어서는 잡음과 논란이 끊이지 않고 있다. 참가자들의 자격과 관련된 교육 및 혼인 관련 서류 조작 의혹, 성형 의혹 등에 대한 당-국가의 직접 조사가 진행되기도 하였는데, 미인대회가 사회적 부정과 사기에서 자유롭지 않은 세속적 행사가 되었음을 보여주는 것이었다. 또한 미인의 사회-경제활동과 관련해 윤리적 문제가 여론을 통해 끊임없이 제기되었으나, "왕관 박탈" 결정은 단 한 차례도 내려지지 않음으로써 미인의 지위는 특권화 되기도 하였다. 사실상 미인의 자

29 2004년에 제작된 로맨틱 코메디 영화 "긴 다리 여성들(Những cô gái chân dài)"은 대성공을 거두었고, 이후 "긴 다리(chân dài)"는 '미인' 혹은 '모델'을 지칭하는 일반명사가 되었다.

격 박탈과 관련된 권한은 해당 대회의 조직위원회, 즉 민간기업의 업무에 속하는 사항이고, 전국 규모의 국내 대회의 경우 2년에 한 차례씩 조직되는 것이 관례이나 그나마도 상당수는 지속성을 지니지 못하고 명멸하고 새로운 미인대회가 등장하는 상태에 놓여 있어 사후관리의 책임 소재를 분명히 하기도 쉽지 않다. 게다가 국내에서 활동 중인 미인의 상당수는 해외에서 개최된 대회의 수상자들이기에 베트남 정부가 영향을 끼칠 수 있는 범위의 밖에 있다.

30여 년 전 개최된 첫 번째 미인대회가 대회 그 자체를 둘러싼 이념과 윤리적 논쟁의 대상이 되고 새로운 개입의 장이었다면, 지구적인 시장자본주의 경제 체제 하에 놓인 오늘날의 베트남에서 미인대회는 당-국가가 직접 이데올로기적 전유와 통치성을 발현할 가능성이 상당히 제한된 대중문화의 한 영역이 되었다. 미인대회 열풍은 바로 이 지배적 권력의 이완이 만들어 낸 틈새에서 불고 있고, 미인의 되고픈 욕망은 뷰티산업과 미디어-예능 산업 복합체와 더불어 그 틈을 채우며 웃자라나고 있다.

Ⅳ. "미스 유니버스 베트남" 그리고 소수민족 여성

"미스 유니버스 세계대회 2008"은 베트남에서 개최된 최초의 국제 규모 미인대회이자 베트남 미인대회 역사의 전환점으로서 특별한 의미를 지닌다. 당시 미국의 도날드 트럼프가 소유하고 있던 미인대회가 한때 전쟁을 치른 동남아시아의 사회주의국가에서 개최되고, 레이디 가가와 같은 세계적 스타가 초청 공연을 하고, 그 실황이 미국의 방송국 NBC에 의해 베트남 전쟁 이후 최초로 직접 세계로 송출되었다는 사실만으로도 주목을 받았다. 베트남의 관점에서도 불과 5개월 만에 7,500석 규모의 '라스베가스 스타인'의 컨벤션 센터를 완공해 불가능해 보이던 국제규모의 대회를 유치했다는 것은 한편의 '개발 신화'로 회자되고 있다. 또한, 최초로 베트남이 참가한 미스 유니버스 세계대회에서 "최종 15인(Top 15)"에 선발되면서 세계 무대에서 "베트남 여성의 아름다움"이 지닌 경쟁력과 가능성을 확인한 미인대회로 기억되고 있다.

2018년 1월 "세계대회 개최 10주년"을 기념하며 개최된 미스 유니버스 베트남 대회 최종 선발전은 베트남인들 사이에서 세계로부터 인정 받을 수 있는 베트남의 대표 미인을 뽑는 행사로 큰 관심을 불러일으켰다. 대회 조직위원회는 지난 2년 간의 미인대회, 모델대회 등 각종 국내 선발대회 입상자들을 우대하였고, 그에 따라 전례 없이 많은 수의 미인대회 입상자들과 "베트남의 넥스트 탑 모델(Vietnam's Next Top Model)[30]" 프로그램 출신의 모델들이 응

30 베트남 국영방송에서 2010년부터 인기리에 방영되고 있는 리얼리티 경연 모델 선발 프로그램이다.

시하였다.[31] '이력'을 지닌 참가자들에 대한 우대 규정은 세계대회에 나갈 베트남 대표 미인을 뽑는다는 대회의 위상과 응시생의 수준을 제고하기 위한 것임과 동시에, 미인대회 사상 최초로 시도되었던 경쟁 리얼리티 프로그램–"나는 베트남의 미스 유니버스 입니다"[32]–의 제작을 고려한 것이기도 했다. 이 '경쟁프로그램'은 뷰티산업과 미디어–예능산업의 복합체로 작동하는 미인대회의 참가자들의 일상과 소비, 그리고 경쟁 과정을 대중에게 직접 보여주며, 한편에서는 대회 자체의 수익을 극대화 하고 다른 한편에서는 국제수준에 걸맞는 베트남 대표 미인의 훈육 과정과 심사 기준을 공개하여 미인대회 난립 상황 하에서 미스 유니버스 대회의 공신력과 미인의 가치를 증식하고자 하는 시도였다.

베트남의 온라인 커뮤니티들에서는 4달여 기간 동안 펼쳐진 미스 유니버스 베트남 대회의 마지막 최종 선발전을 앞두고 결과를 예측하는 투표가 활발히 진행되어, 대회 직전 저마다 예상 순위를 발표하였다. 그리고 마침내 무대 위에서 "미스 유니버스 베트남 2017"의 왕관을 쓸 참가자로 "참가번호 424번 허헨니에(H'Hen Niê)"가 호명되었을 때, 예상 밖의 결과에 사람들은 술렁이기 시작했다. 허헨니에 또한 "베트남의 넥스트 탑 모델 2015" 프로그램에서 선발된 "최종 9명 모델" 중 한 명이었기에, 대중에게 이미 알려

31 미스 유니버스 베트남 공식홈페이지(http://hoahauhoanvuvietnam.com/) 참조.

32 대회 준결승과 최종선발전까지 포함하여 모두 10회로 제작되어 베트남 국영방송과 모바일 텔레비전으로 방영되었다.

져 있고, 주목을 받았던 참가자였으나, 베트남에서 가장 낙후된 지역 중 하나인 중서부고원지방(Tây Nguyên)[33] 소수민족 에데(Ê đê) 출신의 "갈색 피부, 단발 머리"를 지닌 여성이 베트남을 대표해 세계대회에 나갈 미인으로 선발될 것을 예상한 온라인 예상 투표 결과는 하나도 없었다.[34]

예상 밖의 미인대회 결과는 소셜미디어에 올라온 한 게시물로 인해 베트남 사회에 격렬한 논쟁을 불러일으켰다. 베트남 당-국가의 기관지 중 하나인 "노동(Lao Động)"지의 저명한 기자는 미인대회를 지켜본 후, 자신의 소셜미디어 계정에 미스 유니버스 베트남 대회의 최종 결과를 비난하는 글을 게시하였다. 그는 "고환 색깔처럼 검은 피부의 여성"이 "닭의 해에 21번째 미인으로 아슬아슬하게 등극"했으며, "단도직입적으로 숲 속으로 소리치며 들어가도 저작권 소송을 안 당할 느낌"이었다는 "멸시(miệt thi)적"인 언어로 소수민족 출신 미인을 평가하였다. 그는 또한 미인대회의 주요 경연의 하나인 질의응답에서, 허헨니에가 소셜미디어의 의미를 전혀 이해하지 못했음에도 미인으로 등극했다며 지적 능력마저 폄하하였다.

33 베트남어를 직역하면 "서부 고원지방"이나 베트남 전체 영토를 기준으로 할 때, "중부 고원지대(central highland)"로 불리기도 한다. 이 글에서는 중서부 고원지방으로 표기한다.

34 Việt Nam Mới (2018. 1. 5.), "Trước giờ G, Mâu Thuỷ được dự đoán nhiều nhất trở thành Tân Hoa hậu, Thu Trang là Á hậu" https://vietnammoi.vn/truoc-gio-g-mau-thuy-duoc-du-doan-nhieu-nhat-tro-thanh-tan-hoa-hau-thu-trang-la-a-hau-71823.html (2018. 3. 25. 검색)

게시물을 접한 이들은 '당-국가의 신문기자'가 "인종주의적 차별 시선"을 노골적으로 드러냈다며 격렬한 비판을 쏟아냈고, 결국 게시물을 올린 기자는 사과와 더불어 징계를 받는 사태에 이르렀다.[35] 소수민족 출신의 미인을 향한 "멸시적 언어"는 단순한 해프닝이라기보다는, 한편에서는 베트남 사회의 소수민족에 대한 편견과 남성주의적 사고를 그대로 드러내 보이고, 다른 한편에서는 소수민족 여성이 미인대회라는 구조화된 경연의 형식 내에서 겪을 수밖에 없는 난관들을 함께 보여준 것이라는 점에서 사고해 볼 필요가 있다.

소수민족에 대한 베트남 사회의 뿌리 깊은 차별은 오늘날의 베트남 영토적 범위가 정착되기 시작한 봉건왕조 시기, 프랑스 식민지 시대와 전쟁 및 사회주의 건설과 개혁개방 시기로 이어져 온 매우 길고 복잡한 역사 속에서 구조화되었다(심주형 2017b 참조). 새로운 미스 유니버스 베트남이 속한 에데족[36]은 베트남 중서부고원지방에 거주하는 "응어이 트엉(Người Thượng)"이라 불리운 소수민족이다. 응어이 트엉은 바나(Ba Na), 자라이(Jarai), 에데(Ê Đê), 꺼호(Cơ Ho), 마(Mạ), 서당(Xơ Đăng), 머농(Mơ Nông) 등의 소수민족들을 하나의 범주로 부르는 명칭이었다. 응어이 트엉은 저지대 델타 지역에 거주하는 베트

35 Thanh Niên (2018. 1. 9.) "Nhà báo Đào Tuấn xin lỗi vì miệt thị Hoa hậu H'Hen Niê" https://thanhnien.vn/van-hoa/nha-bao-dao-tuan-xin-loi-vi-miet-thi-hoa-hau-hhen-nie-922108.html (2018. 1. 20. 검색)

36 프랑스 식민지 시대와 남베트남 정권 하에서는 "라데(Rađê)"족으로 불리기도 하였다.

남의 다수민족인 낑(Kinh)족과 구분되며, 문자적 의미로는 "위쪽에 사는 사람들", 다시 말해 산악 고원지역에 사는 사람들이라는 의미를 지니고 있다. 이들은 프랑스 식민지시대에는 "Montagnard(산악지역사람들)" 혹은 Degar(혹은 Đê Ga)로도 불리기도 했다.

오늘날 베트남 중서부고원지방의 5개성 지역, 꼰뚬(Kon Tum), 자라이(Gia Lai), 닥락(Đắk Lắk), 닥농(Đắk Nông), 그리고 럼동(Lâm Đồng)에 해당하는 지역은 1946년에서 1950년 사이 프랑스 식민정부에 의해 인도차이나 연방의 자치행정구에 포함되었다. 그 이후 "황조강토(Hoàng triều Cương thổ; 皇朝疆土)" 즉 베트남의 마지막 왕 바오다이(Bảo Đại)가 직접 통치(1950~1955)하는 지역이 되었으나, 1955년 응오딩지엠(Ngô Đình Diệm)에 의해 베트남공화국(Việt Nam Cộng Hoa; 이하 '남베트남')에 편입되었다. 사실상 중부고원지방은 낑족의 거주지와는 "분리 통치"되어 왔고, 낑족들은 전혀 다른 언어와 종교, 피부색과 문화적 전통을 지닌 중서부고원지방의 소수민족들을 "숲에 사는 야만인"으로 간주해 왔다.

북베트남 지역에서 호찌민이 주도하던 사회주의 세력이 일찍부터 소수민족 문제에 관심을 가졌던 것(신주형 2017b)과는 달리 남베트남 정부는 1958년에서야 중서부 고원지방에서 낑족과 같은 교육을 실시하기 시작했다. 또한 소수민족을 독립적인 민족으로 존중하기보다는, 프랑스 식민주의자들의 인종주의적 관점을 그대로 답습하는 행태를 보임으로써 또다른 지배자로서 이미지화 되었다. 남베트남 전 지역이 전쟁의 포화에 휩싸이고, 쿠데타에 의해 제2

공화국이 출범한 1967년에서야 본격적으로 소수민족정책이 펼쳐지기 시작하였다. 남베트남 정부와 갈등관계에 있던 소수민족들이 남베트남 민족해방전선의 활동에 동조하는 경향에 대한 정치적 우려가 높아지자, 남베트남 정부는 뒤늦게 1969년 "인종부(Bộ Sắc Tộc; 色族部)"[37]를 설치하고 소수민족에 대한 연구와 정책들을 펼쳐 나가기 시작하였다.

"베트남 통일"과 종전 이후에도 중서부고원지방의 소수민족들은 당-정부의 정책에 협조하기보다는 독립운동을 펼치며 저항하였다. 베트남 전쟁 종전 후 미국으로 이주한 약 3,000여 명의 데가(Đề Ga)는 1999년 Motagnard Dega Association을 창립하고 중서부 고원지방의 소수민족 독립운동을 적극 지원하였는데, 2001년과 2004년 두 차례 소수민족들이 연합하여 당-국가의 토지정책 등에 반대하는 대규모 시위를 벌여 당-국가와 직접 대립하기도 하였다. 이처럼 오랜 민족-국가주의의 형성과정에서의 갈등과 반목의 역사는 당-국가를 실질적으로 독점하고 있는 낑족의 관점에 중서부고원지방의 소수민족에 대한 멸시와 차별적 관념을 지속적으로 재생산하는 조건이 되었다.

이러한 역사적 배경을 고려할 때, 에데족 출신의 여성이 미인대회에서 낑족 여성들과의 경쟁에서 승리하여 베트남을 대표하는 미인으로 선발된 것은 그 자체로 큰 문화-정치적 '사건'이었다. 일

37 이후, "인종 발전부(Bộ Phát triển Sắc tộc)"로 명칭을 바꾸었다.

부에서는 "소수민족출신 여성이 미인대회에서 왕관을 쓰게 되기까지 분명히 감춰진 스토리가 있을 것"[38]이라며 끊임없는 의구심을 제기했지만, 미인대회 왕관을 쓰고 경운기에 올라타 고향집을 방문하는 '여왕의 귀환'을 수많은 에데족이 환호하며 뒤따랐다.

베트남 당-정부는 소수민족의 동화와 통합을 위한 여러 정책 중의 하나로 소수민족 여성의 참여를 독려하는 "민족 미인(Hoa hậu các Dân tộc Việt Nam; Miss Ethnic Vietnam)" 선발대회를 2007년부터 개최해 왔다. 그러나 3차례 개최된 대회는 그나마도 대회 조직과 운영 자체가 쉽지 않아 중단된 상태이다.[39] 무엇보다 소수민족 여성을 미인대회를 통해 '임파워먼트(empowerment)' 하겠다는 기획은 소수민족 여성이 처한 현실적 조건의 장벽을 넘기가 쉽지 않은 상황이다. 중서부고원지방 출신의 에데족 허헨니에의 미인 등극을 베트남 사회의 많은 이들이 '기적과 같은 일' 혹은 '인간승리 서사'로 간주하는 것은 그녀의 생애사가 소수민족 여성으로서 맞닥뜨리

38 베트남 하노이에서 만난 당-국가 기관에서 일하는 여성들과의 대화 내용 중(2018. 1. 23.). 베트남의 한 소수민족문제 연구자는 중서부고원지방의 소수민족 여성들은 낑족과는 달리 "서구적 외모"를 지니고 있는데, 그것은 프랑스 식민지 시대 프랑스인들과의 사이에서 만들어진 "혼혈"의 영향이라는 주장도 펼쳤다.

39 민족미인대회의 첫 대회는 2007년에 중서부고원지방의 럼동성 다랏(Đà Lạt)에서 개최되었다. 제1회와 제2회 대회에서는 북부 소수민족-각각 따이(Tày)족과 눙(Nùng)족-여성이 미인으로 선발되었고, 2013년 제3회 대회에서는 북부 타잉호아(Thanh Hóa) 출신의 낑족여성이 미인으로 선발되었다. 제2회 대회에서 선발된 미인은 왕관을 반납하고 미인으로서의 활동을 거부함으로써 대회 지속 가능성에 심각한 의문을 불러일으켰다. 세 미인 모두 북부지역 출신이라는 점이 특징적이며, 베트남의 소수민족 경관에 시사점을 제공한다.

는 현존하는 온갖 난관을 극복해 온 과정이었기 때문이다.

미스 유니버스 베트남의 대회 참가 규칙(thể lệ)에 따르면, 대회 참가자는 베트남 국적을 소유해야 하고, 18세에서 26세 사이여야 하며, 고등학교 졸업 이상의 학력을 지니고 있어야 하며, 성형 혹은 성전환 수술을 하지 않았고, 결혼하지 않고, 혼인신고를 한 적이 없으며, 아이를 출산하지 않았으며, 전과가 없어야 한다고 되어 있다. 대체로 앞장에서 논의한 당-국가의 미인대회 관련 결정문과 시행령에 기반하고 있는 이 규칙에는, 비혼 규칙과 관련해 특별한 주의사항이 부가되어 있다. 이 특별 규칙에 따르면, 비록 혼인신고 기록이 없을지라도 "민족의 전통, 풍속과 관습에 따라 결혼했으나 신고를 하지 않은 사람"도 미스 유니버스 대회에 응시할 수 없다.

에데족은 모계사회(xã hội mẫu quyền)(Hautecloque-Howe 2004) 전통이 남아 있는데 이와 같은 소수민족의 여성에게는 반강제적 조혼 풍습이 여전히 강하게 남아 있다. 베트남 민법은 조혼을 금하고 있기 때문에 사실상 수많은 이들이 혼인신고 없이 가정을 이루고 생활하고 있다. 허헨니에는 한 인터뷰에서,[40] 에데족 부모들은 보통 자녀가 15세에서 18세가 되면 결혼을 부추기는데, 실제로 13세 때 이미 같은 또래의 그녀 친구들은 남편과 자녀가 있었고 반

40 Thế giới Văn hóa (2018. 1. 7.), "Hoa Hậu Hoàn Vũ người Ê Đê H'Hen Niê bị mẹ bắt lấy chồng sớm khi còn đi học?" http://thegioivanhoa.com.vn/hoa-hau-hoan-vu-nguoi-e-de-hhen-nie-bi-bat-lay-chong-som-khi-con-di-hoc/ (2018. 2. 20. 검색)

면 남자친구가 없는 그녀를 어머니가 심각하게 걱정하고 언짢게 생각했다고 증언했다. 그녀는 조혼을 거부하고 공부를 더 하고자 하였기 때문에 고향을 떠나야 했고, 대도시에서의 생활 중에는 낯선 환경과 베트남어를 잘 알아 듣지 못해 어려움을 겪었으며,[41] 보모(ô sin) 등 닥치는 대로 일을 하며 생계를 유지하고 자신의 꿈을 펼치고자 노력했다고 한다.

소수민족의 문화적 전통이 지닌 문제들에 덧붙여, 낮은 정규 교육 수준(Tổng cục Thống kê 2011 참조)을 보이는 대부분의 소수민족 거주지의 여성들은, 고등학교 졸업 이상의 교육 수준을 요구하는 미인대회 규정에 부합하기도 쉽지 않다. 그리고 오늘날 미인대회에서 점차 중요성을 더하고 있는 영어 구사능력과 즉석 질의응답에 대응하는 능력을 갖추기란 매우 어렵다. 이 두 가지 능력은 사실상 미인대회 참가자가, 전통적 여성성이 요구하는 덕목을 지니고 있을지라도, 혹은 사회주의적인 강건함을 체화하고 있거나 오늘날 미인의 자격으로 일컬어지는 신체적 아름다움을 지니고 있다고 할지라도 단시간에 습득할 수는 없는 성질의 것이다. 이 능력들은 제도화 되어 축적된 "교육 자본"을 필요로 하고, 대체로 근대적 앎의 체계와 결부된 일상 세계의 경험을 전제로 한다. 미스 유니버스 베트남의 최종 질의응답 경연시에 허헨니에는 자신의 일상과 경험세계와는 거리가 있는 "어떻게 소셜미디어를 적극적으로 활용하

41 학교에서 베트남어를 배웠으나, 냐짱과 호치민 등에서 사용하는 베트남 중, 남부 지방어 발음을 종종 알아듣지 못하기도 했다는 고백을 하기도 했다.

도록 권할 것인가?”라는 질문을 받았고, 그에 대해 소셜미디어의 사용을 제한하고 서로 가깝게 지내며 원기를 나누고 삶을 더 낫게 만들어야 한다는 답을 내놓아 질문을 이해하지 못하고 '동문서답'을 했다는 비판을 받았다. 그러나 다른 한편에서 보면, 전통적으로 대가족이 함께 생활하며, 중서부고원지방 소수민족 중에서도 다른 소수민족들과 가장 원만하고 친밀한 관계를 유지하며 생활하는 에데족의 문화(Bộ Phát-triển Sắc-tộc 1972?)를 고려해 보면 충분히 이해가 가능한 답이기도 했다. 기술-자본주의적 일상에 대한 이해와 가치 부여를 강제하고, 표준적이고 일반적인 것으로 선언된 능력과 대답을 바라는 이러한 미인대회 형식들은, 오늘날 미인대회 참가자의 세계관과 관련해서도 '캣 워크(catwalk)의 훈육'과 같은 것이 요구되고 있는 상황으로 이해할 수 있다.

소수민족 출신 “미스 유니버스 베트남”이 등극했을 때, 이른바 미인대회 관련 전문가들은 과연 베트남을 대표해서 세계대회에서 입상을 할 수 있을 것인가에 관한 의견들을 내놓았다. 이미 모델로 활동했던 경험, 소수민족 출신의 첫 베트남 미인 대표로서의 정치적 상징성, 그리고 전 세계 미인대회가 피부색으로 대변되는 민족적 다양성을 중시하고 있다는 점 등을 들어 베트남 최초의 입상 가능성을 점치기도 했다. 그러나 세계대회가 가까워지면서 베트남의 여론은 매우 강박적으로 허헨니에의 부족함을 지적하고 있다. 부족한 영어 실력, 소셜미디어를 사용하지 않는 문제, 미흡한 패션 스타일과 친근함이 부족한 얼굴 표정, 그리고 여성적 섹시미를 드러내지 못하는 단발 머리 스타일 등이 세계 수준에 이르기에는 모자란 부분들이라고 지적을 하며[42] 심지어 일부에서는 차점자를 대신 세계대회에 내보내야 한다는 주장을 펼치고도 있다. 뷰티산업과 미디어-예능산업의 복합체가 만들어 낸 표준화된 미학에 의한 훈육과 평가 기준은 경쟁의 강도와 범위에 따라 재설정되는 것이다. 미인대회의 경쟁 형식과 구조 안에서만 인증되는 미인의 아름다움, 그리고 대회의 규모와 범위가 만들어 내는 미인의 위계구조와 뷰티산업과 미디어-예능산업의 정치적 공모는 결국 참가자와 미인 모두에게 주체의 미완성과 결핍을 끊임없이 재생산하는 역설을 보여주고 있다고 할 수 있다.

V. 글을 마치며

베트남의 미인선발대회 열풍을 시장자본주의화 과정 속에서, 단순히 여성의 신체에 대한 대상화와 상품화라는 측면에서만 이해한다면, 많은 문제들을 간과할 가능성이 있다. 문화-정치적인 측면에서, 베트남의 미인선발대회는 여성성과 여성의 주체성에 관한

42 Zing.vn (2018. 3. 27), "Khán giả lo lắng về khả năng của H'Hen Niê ở Hoa hậu Hoàn vũ 2018" https://news.zing.vn/khan-gia-lo-lang-ve-kha-nang-cua-h-hen-nie-o-hoa-hau-hoan-vu-2018-post829469.html (2018. 4. 5. 검색)

사회적 전유방식을 특정화하며 과잉과 잉여의 문법으로 주체성을 재구성한다. 또한 미인대회는 베트남사회가 세계시장 질서에 포섭된 질서 하에서, 민족국가 단위의 경쟁에 대한 새로운 물신화를 만들어 낸다. 최근 들어 급격히 증가하고 있는 "왜 베트남은 세계미인대회 우승자가 없는가?"와 같은 질문들은 그러한 물음이 왜 필요한가에 대한 주체적 성찰을 배제하는 것일 뿐 아니라, 모든 가치는 경쟁을 통해서 승인된다는 시장 논리가 베트남 사회에 자리잡았음을 보여주는 것으로 이해할 수 있다.

소수민족출신 여성의 '미스 유니버스 베트남 등극'이라는 사건은 '민족-국가 대표 미인'이라는 상상적 구성물을 두고 시장주의적 경쟁 논리하에 놓인 여성성과 아름다움의 기준들 사이의 긴장과 모순관계를 드러내 보여준 사례이다. '베트남 여성'이라는 상상적 이미지에 흡착되어 있던 전통적인 미학적 가치들, 이데올로기적 윤리성의 표지들, 외형적 아름다움을 둘러싼 경쟁의 규칙들과 전유들은 이제 민족국가를 경계를 넘나드는 뷰티산업과 미디어-예능 산업의 지배적 미학 권력의 작동 속에서 분절되고 상호 경합하며 재조립 되어야 하는 상황에 놓여 있다.

주지하는 것과 같이, 오늘날의 미인대회는 페미니즘의 거센 비판과 상업-자본주의의 여성성 전유에 대한 냉소적인 시선들에 대해 대응하고자, 대회 나름의 문화-정치적인 의미들을 새롭게 발전시키고 다양화 해왔다. 미인대회가 오히려 사회적으로 소외된 여성들을 '임파워먼트'하며, 미인들의 사회봉사 활동이 소외되고 그늘진 이들에 대한 사회적 관심을 환기시키고, 미인대회의 모토(motto)가 미래지향적인 공공의 가치를 창출하며, 이른바 현대적인 "지덕체(智德體)"를 겸비한 새로운 여성상을 만들어 낸다는 논리를 펼치고 있는 것 등이 그 예이다. 그러나 베트남의 사례에서 보듯 오늘날 뷰티산업과 미디어-예능산업의 복합은 지구적 시장 내에서 급속히 표준화되고 있고, 미인 타이틀 획득을 둘러싼 경쟁은 그 배타적 연행 자체를 참조하는 가치체계에 귀속되어 미학적 가치들의 세속화 경향을 강화시키고 주체를 소외시키고 있다.

정리하자면, 이 글은 베트남 사회의 문화-정치적 변화를 매개하며, 중재와 경합을 시연하는 '매개의 극장(theater of mediations)'으로 기능해 왔던 지난 30여 년의 미인대회 역사와 더불어 "반향"하고 있는 "미인대회 열풍"이라는 사회적 현상을 해석해 보고자 하였다. 베트남 사회에서 새롭게 구성되고 있는 여성성과 아름다움, 그리고 소수민족의 문제가 미인대회라는 무대 위에서 민족국가와 초국가적 설정 및 장치들과 상호작용하는 과정을 조명해 보고자 했다. 미인대회 또한 역사적으로 구성되고 변화해 온 극장이며, 이제는 그 자체로 하나의 복합상품으로써 한 사회의 욕망과 문화-정치가 투사되며 연행주체들과 관객들을 호명하고 있다. 주변적 혹은 잉여적으로 간주되곤 하는 미인대회의 무대를 감싸고 불고 있는 열풍 속에 호명된 연행주체들의 민낯과 관계들에 투영된 문화정치적 의미들을 읽어 내는 것은 베트남 대중문화연구의 의의와 가능성의 지평을 확장할 수 있다.

참고문헌

Bộ Phát-triển Sắc-tộc, and Việt Nam Công Hòa. 1972? *Chính sách phát-triển sắc-tộc của chính-phủ Việt-nam Cộng-hòa*. Saigon: Bộ Phát-triển Sắc-tộc.

Hautecloque-Howe, Anne de. 2004. *Người Ê Đê : một xã hội mẫu quyền*. Translated by Nguyễ Ngọc and Phùng Ngọc Cửu. Hà Nội: Văn hóa dân tộc.

Lieu, Nhi T. 2000. "Remembering "The Nation" through Pageantry: Femininity and the Politics of Vietnamese Womanhood in the "Hoa Hau Ao Dai" Contest." Frontiers: *A Journal of Women Studies* 21 (1/2):127-151.

McCracken, Angela B. 2014. *The Beauty Trade : Youth, Gender, and Fashion Globlization, Oxford studies in gender and international relations*. New York: Oxford University Press.

Nguyễn, Thị Ngọc Bích. 2012. *Quyền Bình đẳng của Phụ nữ theo Công ước về Xóa bỏ mọi Hình thức Phân biệt Đối xử với Phụ nữ và Luật Bình đẳng giới ở Việt Nam. Một số Kinh nghiệm Nước ngoài.*, Luật, Đại học Quốc gia, Hà Nội.

Ochoa, Marcia. 2014. *Queen for a Day : Transformistas, Beauty Queens, and the Performance of Femininity in Venezuela*. Durham: Duke

University Press.

Rofel, Lisa. 1999. *Other Modernities*. Berkeley: University of California Press.

Schwenkel, Christina. 2006. Recombinant History: Transnational Practices of Memory and Knowledge Production in Contemporary Vietnam. Cultural Anthropology 21 (1):3-30.

Tổng cục Thống kê. 2011. Tổng Điều tra Dân số và Nhà ở Việt Nam 2009 – Giáo dục ở Việt Nam: Phân tích các chỉ số chủ yếu. Hà Nội: Bộ Kế hoạch và Đầu tư.

김지혜. 2014. "미스 조선, 근대기 미인대회와 미인 이미지". 「미술사논단」 (38):211-236.

김형준. 2015. "이슬람화와 성적 표현의 자유: 인도네시아의 미스월드 반대시위를 중심으로." 「동아연구」 69: 263-300.

심주형. 2017a. "정처없는 애도, 끝나지 않은 전쟁: 1968년 '후에학살'에 관한 기억의 정치". 「한국문화인류학」 50 (2):135-187.

_____. 2017b. "'탈냉전시대' 베트남 북부 소수민족 삶의 초국성(trans-nationality)". 심주형, 김소연, 이한우, 배기현, 윤대영 공저. 『열린 동남아』. 서울: 서강대학교출판부.

최진숙. 2011. "과테말라 마야미인대회의 현재적 의미". 「라틴아메리카연구」 24 (4):139-157.

정부 문서

Quyết Định số 46/VH-QĐ (1989. 9. 18) 베트남 문화부 결정문

Quyết Định số 31/2000/QĐ-BVHTT (2000. 11. 28) 베트남 문화 통신부 결정문

Quyết Định số 37/2006/QĐ−BVHTT (2006. 3. 24) 베트남 문화 통신부 결정문

Quyết Định số 87/2008/QĐ−BVHTTDL (2008. 12. 30) 베트남 문화체육관광부 결정문

Nghị Định số 79/2012/NĐ−CP (2012. 10. 5.) 베트남 정부 시행령

Thông Tư số 01/2016/TT−BVHTTDL (2016. 3. 24.) 베트남 문화체육관광부 통지문

Thông báo số 382−TB/TW (2010.10.15.) 베트남 공산당 중앙위원회 사무국 통지문

인터넷 자료

Báo Điện tử Phú nữ Việt Nam (베트남 여성연합 중앙회 인터넷 신문 웹사이트)

hoahau.tienphong.vn (선봉 신문의 미인대회 웹사이트)

www.baotangphunu.org.vn (베트남 여성 박물관)

www.globalbeauties.com (Global Beauties: Beauty Without Boundaries 웹사이트)

www.hoahauhoanvuvietnam.com (베트남 미스 유니버스 공식 웹사이트)

www.missuniverse.com (미스 유니버스 조직위원회 홈페이지)

www.ngoisao.net (VnExpress의 문화예능 칼럼 전문 웹사이트)

news.zing.com (Zing.vn의 뉴스 웹사이트)

vtv.vn (베트남 국영방송 홈페이지)

2.

베트남의 정보화주의(informationalism): 인터넷의 발달과 사회경제적 영향을 중심으로

백용훈

2 베트남의 정보화주의(informationalism): 인터넷의 발달과 사회경제적 영향을 중심으로

백용훈

2017년은 베트남의 인터넷 도입 20주년을 기념하는 해였다.
2016년 기준 베트남은 세계에서 가장 많은 인터넷 사용자 수를 보유한
20개국 가운데 16위를 기록하였다(CIA World Factbook 2017).

Ⅰ. 서론

이 글의 목적은 최근 베트남의 인터넷 공간에서 나타나고 있는 정치사회적 현상에 주목하고 베트남식 정보화주의(informationalism)의 특징과 그 영향력을 살펴보는 것이다. 더 구체적으로 말하면 세계화(globalization)의 맥락 속에서 베트남인들의 가치와 지구적 질서가 인터넷 공간에서 어떻게 상호작용하고 있고 이를 국가가 어떻게 통제하고 있으며 이러한 양상이 베트남의 거시경제 부문에 어떠한 영향을 주고 있는가에 대하여 파악해 보고자 한다.

이 글에서 관심을 두고 있는 정보화주의는 "21세기 초 사회의 물질적 기반을 형성하는 기술 패러다임이다. 정보화주의는 마이크로전자(microelectronics), 소프트웨어(software), 유전공학(genetic engineering)의 혁명으로 가능하게 된 정보 처리(information processing)와 의사소통(communication)에 대한 인간 역량의 증대를 기반으로 한다(Castells 2004, 8-9)." 따라서 정보화주의로 진전되는 사회에서 지식과 정보가 어떻게 생성되고 있고 이러한 양상이 사회 전반에 어떠한 방식으로 영향을 미치는가에 대한 이해가 중요하다(Castells 2000).

베트남과 같은 사회주의 시장경제체제에서 인터넷 공간에서의 사회적 동요 혹은 저항이 정치적 안정에 어떠한 영향을 미치는지 그리고 그러한 양상이 국가 주도의 경제발전과 어떠한 상관성을 보여주는지에 대한 이해는 정보화 시대에 당면한 중요한 문제이다. 베트남 사람들은 세계화 시대 인터넷의 등장과 발달에 따라 다양한 정보에 급속히 노출되었고 그로 인해 사회문제에 대한 의견과 생활 정보 및 소비문화 등을 온라인 공간에서 서로 공유하고 있다.

사회주의 체제에서의 인터넷을 주요 주제로 다루는 기존 연구들은 주로 중국의 인터넷 영향과 통제 메커니즘에 대해 주목해왔고(Qiu 1999, 2003; Hachigian 2001; Harwit and Clark 2001; Boas and Kalathil 2003; Hughes and Wacker 2003; Yang 2003; Jiang 2010; King et al 2013), 국내에서 출판된 논문들 역시 사회주의 국가 혹은 중국을

주제로 다루면서 베트남을 간략히 언급해 왔다(고경민 2006, 2008; 김진용 2013). 최근 베트남 학자들은 인터넷 및 블로거들의 정치적 영향력(Luong 2016; Mai Duong 2017) 그리고 페이스북(Facebook)의 긍정적 혹은 부정적 영향에 대한 실증적인 분석(Trần and Bùi 2014; Nguyễn and Nguyễn 2016)을 제시하면서 관련된 논의들이 진행 중이다.

이 글은 베트남의 인터넷 공간에 대한 기존 논의들이 부족하고 정보화주의와 관련하여 역사, 법규, 기술, 그리고 가치 등에 대한 연구가 아직 활발하게 진행되지 않고 있다는 점에 착안하여 이론적 논의를 기반으로 한 분석과 함의보다는 기초적인 정보를 제공하는 데 보다 중점을 두고자 한다. 이 글은 다음과 같은 구체적인 내용을 포함하고 있다. 첫째, 베트남에서 인터넷의 발달 과정과 그 특징을 살펴본다. 둘째, 국가 위협에 대한 정보 검열과 인터넷 통제와 관련된 지난 20여 년 간의 법 규정을 자세히 파악해 본다. 셋째, 베트남에서 인터넷의 검열 강화와 그에 대한 처벌이 자유무역협정(FTA)과 같은 베트남의 대외경제 부문과 어떠한 관련성이 있는가를 규명해 본다. 끝으로, 베트남의 인터넷 공간과 정보화주의에서 드러나는 가치와 의미를 세계화와 베트남의 정체성을 중심으로 성찰해 본다.

Ⅱ. 세계화를 향한 발걸음: 베트남의 인터넷 발달 과정[1]

1. 1991년~2000년: 인터넷 도입 및 확대 시기

베트남에서 인터넷 발달의 역사는 1991년으로 거슬러 올라간다. 호주국립대학(Australian National University) 롭헐르(Rob Hurle) 교수는 하노이 소재 정보기술원(Viện Công nghệ thông tin, Institute of Information Technology, 이하 IOIT) 소속 쩐바타이(Trần Bá Thái)와 함께 전화 회선을 이용하여 호주와 베트남의 컴퓨터 간 연결 실험을 진행하였다. 이 실험은 1992년에 성공을 거두었고 베트남인이 처음으로 이메일(email)을 보낸 역사적 사례로 기록되어 있다. 하지만, 당시 이메일의 주소는 호주의 도메인(.au)을 사용하였다.

1993년 9월에 롭헐르 교수와 호주 타스마니아(Tasmania) 대학의 한 베트남 해외교포(Việt kiều, 비엣끼에우)는 베트남의 인터넷 발전 계획을 주제로 개최된 세미나에 참석하였다. 이 시기에 베트남에서는 인터넷 사용에 대한 요구가 점차 증가하는 추세였지만 당

1 이 장의 내용은 베트남인터넷협회(Vietnam Internet Association)에 제시된 자료들(http://via.org.vn/lich-su-va-nhung-moc-son-phat-trien-internet-viet-nam/, 검색일: 2018.01.28.)과 현지 언론 및 정부 공식 문건 등을 기반으로 필자가 정리한 것임.

시 호주 정부로부터의 기금이 더 이상 충분히 제공되지 않았다. 이에 따라 인터넷 사용 요금을 징수하는 방안에 대하여 논의하였다. 롭헐르 교수와 IOIT는 베트남 우정통신공사(Tổng công ty Bưu chính Viễn thông Việt Nam, Vietnam Posts and Telecommunications Group, 이하 VNPT)와 함께 협력하여 서비스를 개발하기 위한 계획에 착수했다.

IOIT는 1994년에 개발을 성공하였고 베트남 최초의 인터넷 서비스 공급자가 되었다. 그리고 ".vn"이라는 베트남 국가 도메인으로 이메일 서비스를 제공하기 시작했다. 이 시기에 베트남 수상(Thủ tướng, prime minister)을 지낸 보반끼엣(Võ Văn Kiệt)[2]은 베트남 역사상 이메일 주소를 가진 첫 번째 지도자가 되었고, 스웨덴 수상 칼 빌트(Nils Daniel Carl Bildt)의 베트남 방문에 앞서 초청 이메일을 전송하였다.

당시 베트남 공산당 내에서는 인터넷 도입과 확대에 대한 부정적인 인식이 존재했다. VNPT의 대표(Tổng Giám đốc) 마이리엠쯕(Mai Liêm Trực)은 인터넷 환경을 법제화하기 위하여 보수적인 정부 관계자들을 설득하는 어려운 임무를 수행했다. 쯕은 당의 정치국

2 보반끼엣 베트남 수상은 1992년부터 1997년까지 베트남사회주의공화국의 수상을 역임하였다(베트남 사회주의공화국 정부 홈페이지, http://www.chinhphu.vn/portal/page/portal/chinhphu/thutuongchinhphucacnhiemky, 검색일: 2018.03.01.). 그는 남부 빈롱성(tỉnh Vĩnh Long, Vinh Long Province) 출신으로 1986년 이후 도이머이(Đổi Mới)와 정치 개혁을 강력하게 추진한 혁신적인 성향의 인물로 평가받았다.

상임위원회 발표에서 "인터넷은 국제 무역 및 국제 통합을 위한 시대에 외국인 투자를 유치하는 데 있어서 도움이 될 것이라고 강조했다. 그리고 경제성장을 위한 문호를 개방하고, 과학 연구를 촉진하며, 사람들의 지식을 넓히는 데 있어서 인터넷 환경이 중요하다."고 강조했다.

결국 쯕은 위원회로부터 승인을 얻었고 당시 판반카이(Phan Văn Khải)[3] 수상으로부터 허가를 받을 수 있었다. 이에 따라 베트남에서는 1997년 11월 19일 인터넷이 공식 출범하였고 전 세계의 정보네트워크와 연결될 수 있었다. 이때부터 웹디자인, FTP(File Transfer Protocol), 텔넷(TelNet) 등과 같은 서비스가 넷남(NetNam)에 의해 완전히 공급되었다. 그리고 정부는 새로운 기술을 감독하기 위하여 국가인터넷관리위원회(National Internet Steering Board)를 구성하였다.

한편, 2000년 10월 17일 베트남 공산당중앙집행위원회 정치부 상임(thường trực Bộ Chính trị Ban Chấp hành Trung ương Đảng Cộng sản Việt Nam) 팜테주이엣(Phạm Thế Duyệt)은 "산업화, 현대화를 위한 정보기술 발전 및 응용 촉진"에 관한 지시문(58-CT/TW)을

3 판반카이 수상은 1997년부터 2006년 6월 27일까지 베트남사회주의공화국의 수상을 역임하였다(베트남 사회주의공화국 정부 홈페이지, http://www.chinhphu.vn/portal/page/portal/chinhphu/thutuongchinhphucacnhiemky, 검색일: 2018.03.01.). 그는 개혁적인 성향의 인물로 2005년 베트남 지도부 인사로는 처음으로 미국을 방문하는 등 임기 중 경제외교를 강화한 것으로 평가받았다.

승인하였다.[4] 이 지시문은 글로벌 경제로의 통합을 효과적으로 지원하기 위한 것으로써 개혁 과정을 촉진하고 경제 부문의 발전 및 근대화에 박차를 가하며 기업의 경쟁력에 자율권을 부여해 주기 위하여 IT의 이용과 발전을 강화시키는 것을 목표로 한 것이다.

당시 베트남 지도부는 인터넷에 접근할 수 없을 경우 지역 및 국제 사회로의 통합에 적극적으로 참여할 수 없다는 점을 분명히 인지하고 있었다. 1991년부터 2000년까지 베트남의 인터넷 도입 및 확대는 1986년 도이머이(Đổi Mới) 이후 국내 개혁과 함께 베트남 정부의 대외 개방 정책에 따른 것으로 이해할 수 있다. 1990년대 초부터 베트남은 무역 자유화, 국제 경제로의 통합 그리고 외국인직접투자(Foreign Direct Investment, FDI) 유치 등을 위한 다양한 경제 발전 계획을 추진했다. 1993년 국제통화기금(International Monetary Fund, IMF), 세계은행(World Bank), 그리고 아시아 개발은행(Asian Development Bank, ADB)과 같은 국제 금융 기구들과의 관계를 재수립했고 1995년 7월 베트남은 동남아시아국가연합(Association of Southeast Asian Nations, ASEAN)의 7번째 회원국으로, 그리고 1998년 11월 아시아태평양경제협력체(Asia-Pacific Economic Cooperation, APEC)의 회원국으로 공식 가입하였다(백용훈 2017, 108).

---

4 "산업화, 현대화를 위한 정보기술 발전 및 응용 촉진"에 관한 지시문(58-CT/TW, Đẩy mạnh ứng dụng và phát triển công nghệ thông tin phục vụ sự nghiệp công nghiệp hoá, hiện đại hoá) (http://mic.gov.vn/Pages/vanban/chitietvanban.aspx?IDVB=10191, 검색일: 2018.01.30.).

2. 2001년~2010년:
인터넷 환경의 기술적 성장 시기

2001년부터 2010년까지의 시기는 인터넷 환경의 기술적 성장 시기로 요약할 수 있다. 이 시기에 베트남은 인터넷 환경을 기술적으로 개선시켜 나갔고 그에 따라 인터넷 사용자 수가 해마다 크게 증가하였다. 아래의 〈표 1〉에 제시한 바와 같이 베트남 인구 대비 인터넷 사용자의 비중은 2000년 0.2%(약 20만 명)로 상당히 낮은 수준이었지만, 2003년부터 매년 약 2~5%씩 계속해서 증가하였고 2010년 31.1%(약 2,700만 명)에 이르는 것으로 나타났다.

표 1 베트남 인터넷 사용자 수와 비중 (2000년~2010년)

	2000	2003	2005	2007	2009	2010
인터넷 사용자수	200,000	3,098,007	10,710,980	17,718,112	22,779,887	26,784,035
비중(%)	0.2	3.80	12.90	21.05	26.55	31.11

출처: 베트남 통계청 및 VNNIC(Vietnam Internet Network Information Center, https://www.vnnic.vn/).

2001년 10월 18일 발표된 "2001-2010년 베트남 우정 통신 발전 전략 및 2020년까지의 비전"에 관한 총리 결정문(158/2001/QĐ-TTg)에 따르면, 베트남은 통신 기술 인프라를 발전시키고 현대적인 우정, 통신 서비스를 공급하는 것을 목표로 전국적으로 우편, 통신 및 인터넷 서비스의 보편화를 가속화하고 모바일 서비스, 인터넷, 전자 상거래, 전자 정부, 공공 서비스 등의 개발을 촉진시키기 위한 방안을 수립하였다. 구체적으로는 2010년까지 100명당 인터넷 사용자 수가 역내 평균 수준에 도달하는 것과 인터넷 서비스 가입자 중 30% 이상이 광대역(broadband)을 통해 접속할 수 있는 것을 목표로 하였다.[5]

2003년에는 비대칭디지털가입자회선(Asymmetric Digital Subscriber Line, 이하 ADSL)이 공식적으로 시장에 소개되어 사용자가 초고속 인터넷 서비스를 이용할 수 있었다. 이 시기 인터넷 접속 서비스 매장과 PC방이 유행하였고 전통적인 전화서비스보다 훨씬 저렴한 비용으로 인터넷 전화 서비스를 사용할 수 있었기 때문에 인터넷 사용자 수는 급격히 증가하였다. 2009년에는 광가입자망, 즉 가정 내 광케이블(Fiber to the Home, 이하 FTTH)이 공식적으로 배포되어 ADSL보다 접속 속도가 훨씬 더 빠르게 향상되었다. 이와 동시에 비나폰(Vinaphone)은 3G 네트워크를 시작하여 베트남에서 스마트폰(smartphone), 태블릿(Tablet), 랩탑(laptop) 등 모바일(mobile) 인터넷 시대를 열었다.

그리고 이 시기에 베트남의 인터넷 망은 구리 케이블에서 광케이블로 전환되면서 발전을 거듭하였다. 베트남 인터넷 통신은

---

5 "2001–2010년 베트남 우정 통신 발전 전략 및 2020년까지의 비전"에 관한 총리 결정문(158/2001/QĐ–TTg, Phê duyệt Chiến lược phát triển Bưu chính – Viễn thông Việt Nam đến năm 2010 và định hướng đến năm 2020) (http://moj.gov.vn/vbpq/lists/vn%20bn%20php%20lut/view_detail.aspx?itemid=23074, 검색일: 2018.03.02.).

3개의 해저 광섬유 케이블(AAG, IA, AAG)을 통과한다. 이 가운데 AAG와 IA는 2009년에 설치되었다. 특히, AAG(Asia-America Gateway)는 동남아시아 주요 국가와 미국(괌, 하와이)을 연결하는 총 2만 킬로미터에 달하는 거대한 통신 케이블 네트워크이다.[6] 아시아 최대 루트에 해당하고 베트남에서 해외로의 인터넷 통신량의 60%를 차지하고 있다. 그 이전에, 베트남은 동남아시아-중동-서유럽 3국(SEA-ME-WE 3, 이하 SMW3) 케이블과 태국-베트남-홍콩(TVH) 케이블과 같은 해양 케이블을 포함하여 다수의 육상 및 해저 연결에 의존했다. 하지만, 두 케이블은 제한된 용량을 가지고 있었다.

3. 2011년~현재까지: 인터넷 붐(Internet bùng nổ) 시기

2011년부터 현재까지 베트남에서 인터넷 사용자 수는 급증했다. 베트남에 인터넷이 공식적으로 도입된 지 약 15년 만에 베트남 사람들의 생활 방식과 습관은 크게 변화했다. 베트남 현지 언론에 소개된 사례에 따르면, 젊은 청년층에서부터 고령층까지 모든 베트남인들은 자신의 사진을 페이스북 등 소셜 네트워킹 사이트에 게

6 AAG는 초당 2 테라비트(Terabit, Tb)의 설계 용량을 가지고 있다. 말레이시아(메르싱, Mersing), 싱가포르(창이, Changi), 태국(스리라차, Sri Racha), 브루나이(뚱꾸, Tungku), 베트남(붕따우, Vung Tau), 필리핀(커리마오, Curimao), 홍콩(사우스란타우, South Lantau), 미국(괌, Guam), 미국(하와이, Hawaii)를 연결한다. AAG 라인에서 베트남으로 가는 케이블은 길이가 314 킬로미터인 S1 구간에 위치해 있다.

시하고, 구글(Google)과 유투브(YouTube) 등을 통해 웹서핑뿐만 아니라 고품질의 이미지와 비디오를 다운로드 할 수 있게 되었으며, 광대역 인터넷 서비스의 발전으로 인해 베트남에서는 온라인 게임 시장이 급성장하였다.[7]

국가별 인터넷 사용자 통계보고서를 제공하는 인터넷월드스태츠(Internet World Stats)에 따르면, 아래의 〈표 2〉에 제시한 바와 같이 2017년 6월 기준 베트남의 인터넷 사용 보급률은 67.1%로 약 9천 5백만 명의 인구 가운데 6천 4백만 명이 인터넷을 사용하고 있는 것으로 나타났다. 인터넷 사용 보급률의 경우 태국이 83.5%로 가장 높고 싱가포르 81.2%, 말레이시아 78.8%, 브루나이 75.0%, 그 다음이 베트남으로 아세안 국가들 중에서 5번째로 많은 비중을 차지하고 있는 것으로 나타났다.

표 2 아세안(ASEAN) 국가별 인터넷 및 페이스북 사용자 통계

국가	인구 (명, 2017년 추산)	인터넷 사용자 (명)		보급률 (penetration, %)	페이스북 사용자
		2000년	2017년 6월 30일 기준		
브루나이	434,448	30,000	325,836	75.0	310,000
캄보디아	16,076,370	6,000	4,115,551	25.6	4,100,000
인도네시아	263,510,146	2,000,000	132,700,000	50.4	126,000,000

7 베트남 언론(Báo Mới), "Internet thay đổi cuộc sống người Việt như thế nào qua 20 năm?[인터넷은 지난 20년 간 베트남 사람들의 삶을 어떻게 바꾸었나?] (2017/11/27)" (https://baomoi.com/internet-thay-doi-cuoc-song-nguoi-viet-nhu-the-nao-qua-20-nam/c/24087859.epi, 검색일: 2018.03.02.).

라오스	7,037,521	6,000	1,539,106	21.9	1,400,000
말레이시아	31,164,177	3,700,000	24,554,255	78.8	19,000,000
미얀마	54,836,483	1,000	13,747,506	25.1	11,000,000
필리핀	103,796,832	2,000,000	57,607,242	55.5	54,000,000
싱가포르	5,784,538	1,200,000	4,699,204	81.2	4,100,000
태국	68,297,547	2,300,000	57,000,000	83.5	57,000,000
베트남	95,414,640	200,000	64,000,000	67.1	64,000,000

주: 국가별 순서는 영문 알파벳의 국가명 순으로 정리하였음.
출처: Internet World Stats[8] (검색일: 2018.01.24.).

베트남에서 인터넷 사용자가 증가하는 이유는 기술 환경 개선과 함께 인구 구성 및 분포에서 기인하는 것으로 이해할 수 있다. CIA World Fact Book(2017)에 따르면, 베트남 인구의 중위 연령은 30.5세로 젊은 인구가 많은 편이고 전체 인구 가운데 생산 가능인구(15세~64세)가 70.34%로 상당히 많은 비중을 차지하고 있다. 특히 인터넷 사용 비중이 높은 25세부터 54세까지의 인구가 45.56%이고 0세부터 24세까지의 인구 역시 약 40%를 차지하고 있다.[9]

8 http://www.internetworldstats.com/asia.htm

9 CIA World Fact Book(2017, https://www.cia.gov/library/publications/the-world-factbook/geos/vm.html, 검색일: 2018.01.03).

Ⅲ. 세계화 속의 통제: 베트남의 인터넷 검열과 법적 규제

프리덤하우스(Freedom House) 보고서에 따르면, 2017년 베트남의 인터넷 자유도 지수는 전체 100개 국가들 가운데 76위를 기록했다. 동남아시아 역내 국가들의 경우 필리핀이 28위, 싱가포르가 41위, 말레이시아가 44위, 인도네시아가 47위, 캄보디아가 52위, 미얀마가 63위, 태국이 67위를 기록함으로써 베트남은 동남아 지역에서 가장 강도가 높은 인터넷 검열 국가에 해당하는 것으로 나타났다. 이러한 결과는 블로거들과 민주주의 운동가들에 대한 체포와 억압의 증가가 반영된 것이다.[10]

앞서 살펴보았듯이 1997년 베트남에 인터넷이 도입된 지 20년이 지난 현재 베트남 전체 인구의 60% 이상이 인터넷을 사용하고 있고, 그 가운데 거의 대부분의 인구가 소셜 미디어(Social Media)를 이용하고 있다. 현재 베트남에서 가장 활성화된 온라인 소셜 미디어 플랫폼은 페이스북이다. 앞서 〈표 2〉에서 확인한 바와 같이 베트남에서 페이스북 사용자는 약 6,400만 명으로 인터넷을 사용하는 거의 모든 사람들이 페이스북 계정을 가지고 있는 것으로 나

10 프리덤 하우스의 보고서 내용을 구체적으로 살펴보면, 베트남 당국이 네트워크를 차단하고 내용을 통제하는 등 정보의 흐름을 차단했다는 구체적인 증거를 제시하였다(출처: Freedom House. 2017. "Freedom on the Net 2017." https://freedomhouse.org/sites/default/files/FOTN_2017_Full_Report.pdf, 검색일: 2018.02.23.).

타났다. 이러한 수치는 전 세계 20억 명의 페이스북 사용자 가운데 약 3% 수준이고 전 세계 국가들 가운데 7위에 해당하는 규모이다. 특히, 베트남의 경제 중심지인 호찌민시(Ho Chi Minh City)는 약 1,400만 명의 페이스북 사용자를 보유하고 있는데, 이러한 수치는 세계 도시 중 10위권에 해당하는 수준이다.[11]

2008년 말부터 2009년 중반까지 베트남의 네티즌들은 페이스북에 관한 정보를 접하기 시작했고, 2009년과 2010년에 걸쳐 급속하게 확산되었다. 당시 베트남에서는 야후(Yahoo)가 가장 인기가 많았는데, 베트남 젊은 대중들은 점차 화려하고 신선한 기능을 가진 페이스북에 흥미를 느끼기 시작했다. 베트남의 언론과 뉴스는 페이스북에 중독된 베트남 젊은 층들의 "3 together" 원칙, 즉 페이스북과 함께 먹고, 페이스북과 함께 잠자고, 심지어 근무시간 혹은 야간에도 잠에서 깨서 친구들에게 '좋아요'를 누르거나 댓글을 쓰는 습관적인 현상을 목도하면서 심리적 및 사회적인 문제들을 보도한 바 있다.[12]

베트남 공산당과 정부는 이러한 현상에 대하여 경계하였다.

---

11 베트남 언론(VnExpress). "Vietnam climbs to seventh worldwide for number of Facebook users: report(2017/07/16)." https://e.vnexpress.net/news/business/data-speaks/vietnam-climbs-to-seventh-worldwide-for-number-of-facebook-users-report-3614034.html(검색일: 2018.01.16.).

12 VOV. "Nhiều người trẻ ở Việt Nam đang mắc bệnh "nghiện" và "ngáo" Facebook[베트남의 많은 젊은층들이 페이스북에 중독되어 있다.](2017/07/09)." http://vov.vn/xa-hoi/nhieu-nguoi-tre-o-viet-nam-dang-mac-benh-nghien-va-ngao-facebook-644437.vov(검색일: 2018.01.16.).

과거 베트남인들이 페이스북에 점차 관심을 가지기 시작한 2008년과 사용자가 급속히 늘어나기 시작한 2009년부터 2012년까지 페이스북에 대한 접속이 원활하지 않았고 간헐적으로 페이스북에 대한 접근 자체가 불안정하거나 통제된 시기가 있었다. 단, 이에 대한 제한이 다소 약했기 때문에 기술에 익숙한 일부 사용자들은 우회적으로 이러한 통제를 피하는 방법들을 고안하여 접속할 수 있었다.[13] 베트남 정부는 인터넷 공간을 전면적 통제보다는 국가를 비판하거나 훼손시키는 내용의 검열을 통한 선별적 통제 방식으로 규제해 왔다. 그리고 이에 대한 내용은 지난 20년 동안 베트남 정부가 인터넷을 관리하기 위하여 공포하고 개정해온 일련의 법률, 시행령, 그리고 시행규칙에서 확인해볼 수 있다. 베트남에서 공식적으로 인터넷이 도입된 1997년부터 2017년까지 인터넷 서비스 관련 주요 법률 조항은 〈그림 1〉에 정리하였고, 관련 법률 및 세부 조항의 내용은 [부록]에 첨부하였다.

13 필자의 경험.

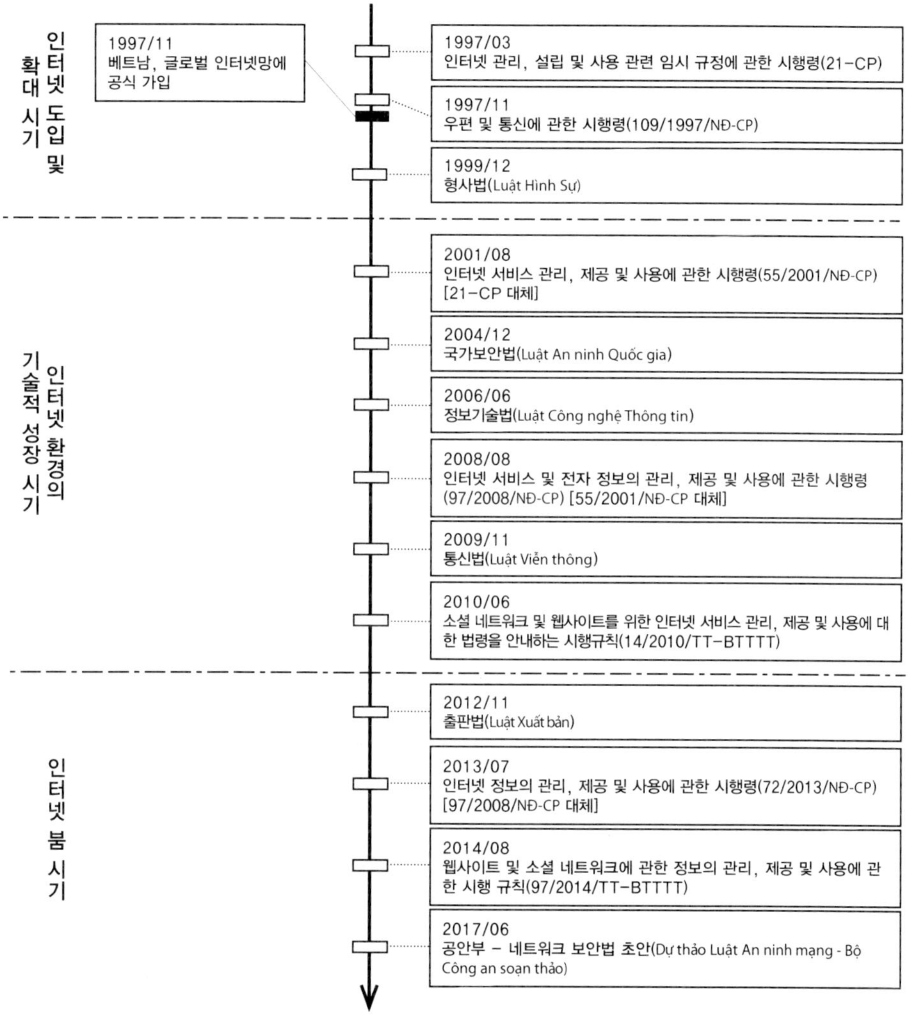

그림 1 인터넷 서비스 관련 주요 법률 조항

출처: 베트남 법학과 잡지(Luật Khoa tạp chí, https://www.luatkhoa.org/2017/11/20-nam-lam-luat-kiem-soat-internet-o-viet-nam/) 및 베트남사회주의공화국 정부 홈페이지(http://vanban.chinhphu.vn/) 법률 문서(Văn bản quy phạm pháp luật)를 참고하여 필자 작성(검색일: 2018.02.15.~23.).

시기별 주요 법령과 해당 조항의 내용을 살펴보면, 베트남에서 인터넷이 공식적으로 도입되기 이전 인터넷 관리 및 사용에 관한 시행령(21-CP, 1997년 3월)은 "베트남에서 제공되고 전달되는 모든 정보는 거짓된, 반국가적 정보; 반동적인 문화 전파; 혁명적 업적을 훼손하는 정보를 포함하지 않아야 한다(3조)."는 규정을 명시하고 있다. 그리고 이 시행령은 인터넷 기술의 발달과 사용자 수의 증가에 따라 내용을 개정하면서 새로운 시행령으로 대체되었다.

2001년 8월에는 1997년 시행령(21-CP)을 대체하는 인터넷 서비스 관리, 제공 및 사용에 관한 시행령(55/2001/NĐ-CP)이 공포되었다. 주요 내용에는 "인터넷에 관한 정보는 언론법, 출판법, 및 기타 법률을 준수해야 하고(6조 1항), 특히 공안부가 인터넷 활동의 보안을 보장하기 위하여 국가 관리를 시행한다(33조)."는 점을 명시하였다.

이후 야후, 페이스북 등 소셜 네트워킹 플랫폼 사용자가 증가하면서 2008년 8월에는 기존의 시행령(55/2001/NĐ-CP)을 대체하고 소셜 네트워킹 관련 내용을 추가한 시행령(97/2008/NĐ-CP)이 새롭게 공포되었다. 주요 조항을 살펴보면, "사용자 정보를 제공하려면 소셜 네트워킹 사이트가 필요하고, 국가에 대항하고 국가 안보, 사회 질서 및 안전에 대한 피해를 유발하는 정보를 차단해야 한다(11조 2항)." 그리고 "인터넷 상에서 종합 웹사이트, 소셜 네트워킹 서비스, 특수 응용 프로그램은 웹사이트를 설정하기 위하여 라이센스를 신청하고 등록해야 한다(19조)."는 내용을 명시하였다.

그리고 2011년 이후 인터넷 사용이 폭발적으로 증가하기 시작하면서 이 시행령(97/2008/NĐ-CP)은 또 한 번 수정되었다. 2013년 7월에 공포된 인터넷 정보의 관리, 제공 및 사용에 관한 시행령(72/2013/NĐ-CP)은 "외국 기관, 기업 및 개인은 베트남의 사용자 또는 접속자에게 국경을 초월한 공공의 정보를 제공하면서 베트남 법률 조항을 준수해야 하고(22조), 소셜 네트워킹 사이트를 구성하는 조직과 기업은 관리 기관의 요청에 따라 범죄 활동 및 법률 위반과 관련된 정보를 사용자에게 제공해야 한다(25조 7항)."고 명시하였다.

한편, 정보화의 발전 양상에 따라 관련법 개정 작업 역시 이행되었다. 1997년 베트남이 글로벌 인터넷망에 공식적으로 가입한 이후 1999년 12월 공포된 베트남 형사법(Luật Hình Sự 79조, 88조, 258조)에 따르면, "인터넷 상에서의 활동을 포함하여 국가에 대항하여 선전 활동을 하는 누구나 투옥한다."고 명시하였고, 이후 인터넷 상에서 게재되는 정보와 관련하여 "국가에 대항하고, 역사를 왜곡하고, 혁명적 업적을 부정하고, 영웅을 모욕하는 등의 정보를 제공할 때 3천~7천만 동의 벌금을 부과한다."는 제재를 가했다.

또한, 2004년 국가보안법(Luật An ninh Quốc gia), 2006년 정보기술법(Luật Công nghệ Thông tin), 2009년 통신법(Luật Viên thông), 그리고 2012년 출판법(Luật Xuất bản)에 인터넷 상에서의 활동 및 정보 게시 및 유포 그리고 통신 기술 및 사업자가 준수해야 하는 내용을 구체적인 법 조항으로 명시하였다.

그리고 2017년 공안부-네트워크 보안법 초안(Dự thảo Luật An ninh mạng - Bộ Công an soạn thảo)에 따르면, "국가 기관은 인터넷 상에서 국가 안보를 침해하고 국가에 대항하는 "틀린 사실의 정보에 대해서는 그것이 무엇이든지 간에" 차단하기 위하여 간섭할 수 있다." "통신 및 인터넷 서비스를 다루는 회사는 관리 기관을 위하여 사용자 정보 및 활동을 확실히 인증해야 한다." "베트남에서 인터넷 및 통신 서비스를 제공하는 외국 회사는 베트남에 사업장을 등록하고 서버를 설치해야 한다."고 명시하였다.

정보화 시대에 베트남 정부는 소셜 미디어의 발전을 장려해 왔지만 최근에는 공산당의 기반을 굳건히 하고 장기적인 사회경제적 발전을 위하여 인터넷 감독 강화가 필요하다고 판단하였다. 특히, 인터넷 및 소셜 미디어 사용자가 급격히 늘어나면서 온라인 콘텐츠 단속을 재강화하고 있다. 이에 따라 공안부는 웹사이트, 블로그, 소셜 네트워킹 사이트에 대한 관리감독, 정보 제한 및 네트워크 사용자의 권리 제재, 블로거 탄압 등을 지속적으로 실시하고 있고 특히, 2016년부터 증가하기 시작한 반체제 활동을 차단하는 데 주력하고 있다.

이러한 이유는 베트남 정부와 당에 대한 적대적인 발언(악플)들이 증가했기 때문이다. VPIS(Vietnam Program for Internet and Society)의 조사에 따르면 응답자 가운데 78%가 소셜네트워크 이용 중 직접 혹은 간접적인 경험을 한 것으로 나타났다. 이에 따라 베트남 정부는 2017년 초부터 베트남인들이 가장 많이 접속하는 페이스북, 구글, 유투브를 대상으로 국가 혹은 공산당을 비판하거나 사회주의 체제 이념에 반하는 내용의 게시물을 삭제할 것으로 강력히 요청했고, 이에 따라 페이스북은 150개 이상의 계정을 중단, 유투브는 4,500여 개의 영상을 삭제한 바 있다.[14]

베트남은 지난해 2017년 12월 25일 호찌민시에서 개최된 2017년 선전활동 요약 및 2018년 임무 전개를 위한 전국 회의에서 베트남 인민군대 정치총국 부총장(Phó Chủ nhiệm Tổng cục Chính trị Quân đội Nhân dân Việt Nam) 응웬쫑응이아(Nguyễn Trọng Nghĩa) 상장(Thượng tướng, 上將)[15]은 1만 명이 넘는 핵심 사이버 전사로 구성된 '륵르엉 47'(Lực lượng 47, Force 47, 力量 47) 사이버 부대를 운영할 계획이라고 언급했다. 이 발표에서 응이아 상장은 "베트남은 잘못된 견해(các quan điểm sai trái)에 맞서기 위하여 대항할 준비를 해야 하고 그릇된 견해와 반국가적인 선전 활동에 대한 사이버 전쟁이 이 부대의 임무가 될 것"이라고 설명했다. 즉, 베트남 지도자들은 오랫동안 인터넷을 신뢰하지 못했고 만약 통제가 불가능한 경우에 반대자들이 궁극적으로 정부의 권력을 침식시킬 수 있는 도구로 간주하고 있다.[16]

---

14 Force 47 to Crack Down on Vietnamese Activists [베트남 활동가들을 강경 진압하기 위한 Force 47] (https://www.pcrisk.com/internet-threat-news/12087-force-47-to-crack-down-on-vietnamese-activists, 검색일: 2018.01.20.).

15 상장(Thượng tướng)은 별 3개의 계급장을 가지며 대장 다음으로 두 번째로 높은 지위에 해당한다.

16 베트남 언론(Tuổi Trẻ). "Hơn 10.000 người trong 'Lực lượng 47' đấu

Ⅳ. 경제성장과 체제안정의 딜레마: EVFTA를 중심으로

베트남 경제는 외국인 투자 및 대외 교역에 크게 의존하고 있는 특성을 지니고 있다. FDI 부문은 1986년 이후 지속적으로 증가하였고 특히 산업생산량에서 차지하는 비중은 2000년에 41%, 그리고 2013년에는 50% 이상의 수준을 기록하였다(이한우 2016, 66). 또한, 베트남 통계청 및 관세청 자료에 따르면 2008-2009년 세계 경제 침체기를 제외하고는 해마다 무역량이 지속적으로 증가하였다. 특히 수출 금액을 기준으로 볼 때 베트남의 대(對) EU와 미국 수출량은 각각 2011년과 2010년부터 크게 증가하기 시작하였다. 아래의 〈표 3〉에서 확인할 수 있듯이 2017년 1월부터 7월까지 집계된 관세청 자료에 따르면, 미국과 EU가 베트남의 가장 큰 수출 시장인 것으로 나타났고 수출액은 2016년 같은 기간 대비 각각 10.2%와 12.6% 증가하였다(백용훈 2017, 109).

---

tranh trên mạng [1만 명 이상의 '륵르엉 47' 부대가 인터넷 상에서 투쟁한다] (2017/12/25)."(https://tuoitre.vn/hon-10-000-nguoi-trong-luc-luong-47-dau-tranh-tren-mang-20171225150602912.htm, 검색일: 2018.01.20.).

표 3 주요 지역/국가별 베트남의 수출입 금액 및 비중
(상품 및 재화 기준, 2017년 1월–7월)

지역/국가	수출		수입		무역수지 (백만 달러)
	금액 (백만 달러)	전년 동기 대비 (%)	금액 (백만 달러)	전년 동기 대비 (%)	
미국	23,443	10.2	5,422	20.9	18,021
EU (28개국)	21,401	12.6	6,835	15.5	14,565
독일	3,680	8.0	1,759	13.4	1,921
일본	9,424	18.2	9,116	10.5	308
ASEAN	12,132	26.5	15,811	18.1	-3,679
대만	1,415	19.0	6,910	10.6	-5,495
중국	15,619	44.0	31,592	15.3	-15,973
한국	7,736	28.2	26,309	48.8	-18,573

출처: 베트남 관세청, 백용훈(2017, 110).

한편, 지난 2017년 8월 3일 응웬쑤언푹(Nguyễn Xuân Phúc) 총리는 2020년까지 베트남 수출품목 경쟁력 강화 방안 마련에 대한 결정문(1137/QĐ–TTg)을 발표하였다. 이 결정문에 따라 베트남은 2020년까지 물품 수출액을 2010년 수준의 3배 이상으로 증가시켜 무역수지를 안정시키고 2021년부터 2030년까지 무역수지 흑자를 유시한다는 목표를 설정하였다. 베트남의 주요 수출품목이 세계적인 경쟁력을 확보하기 위한 구체적인 방안으로는 농수산물 수출 비중 확대, 연평균 8%의 수출 성장률, 수출 우위 품목에 필요한 원부자재 및 부품 분야의 발전 등을 위한 정책적 지원을 확대하는 것이다. 주요 수출 우위 품목으로는 전화 및 관련 부품, 컴

퓨터와 전자제품 및 관련 부품, 의류, 신발, 기계 및 설비, 플라스틱 제품, 쌀, 커피 등이다.[17]

현재 베트남은 "선진공업국가 건설"을 목표로 하는 공업발전 계획을 추진하고 있다. 그리고 베트남 정부는 고부가가치 제품 수출 증가와 글로벌가치사슬(Global Value Chains, 이하 GVCs) 참여 확대를 기대하고 있다. 하지만, 최근 미국의 환태평양경제동반자협정(Trans-Pacific Partnership, 이하 TPP) 철회와 함께 2009년 이후 지속되고 있는 전 세계 보호무역주의로 인하여 섬유 및 IT 부문의 피해가 우려되고 있다. 따라서 베트남은 유럽 그리고 중국, 인도 등과 같은 거대 소비시장으로의 수출방안을 모색하고 있다. 특히, 베트남은 중국이 주도하는 역내포괄적경제동반자협정(Regional Comprehensive Economic Partnership, 이하 RCEP)의 타결을 추진하고 EU 등 거대 경제권과의 FTA 체결로 대외시장 접근성을 높여 베트남 현지를 통해 제3국 시장에 진출하고자 하는 글로벌 기업의 투자를 유치하고자 한다.

하지만, 이러한 베트남의 경제 정책 및 대외 교역의 상황에서 인터넷 검열이 장애 요소가 되고 있다. 앞서 살펴보았듯이, 베트남

---

17 "2020년까지의 베트남 수출품목 경쟁력 강화 제안에 대한 승인과 2030년까지의 정책방향 수립에 관한 결정문"(No. 1137/QĐ-TTg, Đề án nâng cao năng lực cạnh tranh các mặt hàng xuất khẩu của Việt Nam đến năm 2020, định hướng đến năm 2030) http://vanban.chinhphu.vn/portal/page/portal/chinhphu/hethongvanban?class_id=2&mode=detail&document_id=190587(검색일: 2017.09.20).

은 인터넷을 전면적으로 금지하기보다는 선별적으로 규제하는 국가이다. 최근 수개월 동안 베트남에서는 페이스북을 통해 정부를 비판하는 사람들에 대한 처벌이 증가했다. 그리고 지난해 2017년 말 특르엉 부대 창설을 통해 더욱 적극적으로 인터넷 공간을 검열하고 통제하고 있다. 이에 따라 해외 언론과 단체들은 베트남의 인권 상황이 2017년에 심각하게 악화되었다고 비판을 가했다.[18]

베트남에서는 정부 정책에 반하는 생각을 포스팅(Posting)하는 경우 체포되고 이들을 옹호하는 변호사까지 구금할 수 있다. 2017년 11월 한 젊은 블로거는 국가에 대항하는 내용의 선전을 유포한 죄로 7년의 징역형을 선고받았고, 환경 및 인권 운동가로 알려져 있는 응웬응옥뉴뀐(Nguyễn Ngọc Như Quỳnh, 이하 뀐) 역시 10년의 징역형을 선고받았다.[19] 뀐은 해양환경 보호, 시민권 존중, 그리고 법치 국가 요구 등에 대하여 사실과 다른 내용을 인터넷 상에서 유포한 범죄 혐의로 기소되었다.

베트남 언론이 보도한 뀐의 범죄 혐의에 따르면, 2010년 뀐은 개인 전화번호를 사용하여 "메넘(Mẹ Nấm, Mushroom Mommy, 버섯엄마)"이라는 이름으로 페이스북 계정을 만들었고 최근 약 1,200 페

18 Human Rights Watch. https://www.hrw.org/world-report/2018/country-chapters/vietnam(검색일: 2018.2.26.).

19 2016년 말, 카인호아(Khánh Hòa) 성(tỉnh, province)의 공안국은 형법 제 88조의 규정에 따라 "베트남 사회주의 공화국에 대한 선전"에 대한 혐의로 기소, 체포 영장을 발부하고, 수사를 진행하는 결정을 내렸다.

이지의 자료를 편집하여 보도하고 공유하였다. 메님에 의해 편집된 많은 글들은 사실과 다른 내용이 있었고 베트남 국가와 당을 비난하고 험담하는 것이었다. 구체적으로는 베트남 혁명의 역사를 왜곡시키고 국가 통일을 분열시킴으로써 당과 국가의 지도력에 대한 국민의 신뢰에 영향을 미친다는 것이었다.[20] 이에 대하여 해외 언론들은 일제히 베트남 정부가 "반체제 인사들을 억압하고 있다"는 비판을 가하기 시작했고 형법의 개혁을 요구하였다.

베트남에서 발생한 온라인 블로거들의 처벌과 같은 사건에 대하여 EU측은 EVFTA(EU-Vietnam Free Trade Agreement) 협상 과정에서 베트남 정부가 인권 문제에 대한 관심이 부족한 점을 비판했다. EVFTA는 2012년 10월부터 협상을 시작하여 2015년 12월 체결된 것으로 EU가 개발도상국과 체결한 무역협정 중 가장 야심찬 그리고 포괄적인 FTA이다. EU는 지속가능한 발전의 무역 협정을 건설하기 위하여 노동, 환경, 그리고 인권 문제를 해결하는 데 관심을 가지고 있다. 아세안 국가들 중에서는 싱가포르 다음으로 베트남이 두 번째이다.

EVFTA는 당초 2018년 초에 효력이 있을 것으로 기대되었지만, 인권 등과 관련된 약정 위반을 이유로 연기 중인 상태이다. EU

---

20 베트남 언론(Báo Nhân Dân) "Vì sao Nguyễn Ngọc Như Quỳnh bị khởi tố và xét xử? [왜 Nguyen Ngoc Nhu Quynh은 기소되어 재판을 받았나?] (2017/06/27)"(http://www.nhandan.com.vn/chinhtri/item/33288802-vi-sao-nguyen-ngoc-nhu-quynh-bi-khoi-to-va-xet-xu.html, 검색일: 2018.01.15.).

는 베트남이 인권을 개선하지 않을 경우 EVFTA가 무기한 연장될 수 있다고 경고했다. EVFTA의 서문(preamble)에는 양측이 1945년 6월 26일에 샌프란시스코(San Francisco)에서 체결된 UN 헌장 그리고 1948년 UN 총회(General Assembly of the United Nations)에 의해 채택된 세계인권선언(The Universal Declaration of Human Rights)의 원칙을 준수해야 한다는 내용을 명시하고 있다.

EU는 무역협정뿐만 아니라 어떤 국가든지 모든 당사자들에게 인권 존중과 보호를 의무화하는 조약 내용에 대한 권한을 부여하는 서명 활동을 주장한다. 반면, 베트남 정부는 EU에게 인권 침해 금지를 요구했다. 2017년 11월 베트남 부수상 브엉딘후에(Vương Đình Huệ)는 EU 대표부 대사 브루노 안젤렛(Bruno Angelet)과의 회담에서 인권이 EVFTA에 포함되어서는 안 되며 인권 보호를 위하여 국제 사회와 항상 협력할 것을 강조했다.[21]

베트남의 경제 및 무역 구조와 보호무역 등 거시경제적 상황을 감안해 볼 때 EVFTA는 베트남에게 상당히 중요하고 절실하다.[22] 하지만, 인터넷 검열과 그에 따른 블로거들의 구속이 수출과

---

21 VOA. "Việt Nam đề nghị EU không đưa nhân quyền vào hiệp định thương mại[베트남은 무역협정에 인권 조항을 포함시키지 말 것을 EU에 제안한다](2017/11/24).", https://www.voatiengviet.com/a/vietnam-de-nghi-eu-khong-dua-nhan-quyen-vao-hiep-dinh-thuong-mai/4135159.html(검색일: 2018.01.20.).

22 베트남은 TPP 협상시에도 2014년과 2015년에 오바마 대통령 하에 미국 정부의 압력으로 14명의 블로거와 활동가들을 석방했다. 그러나 2016년 하반기에 더 많은 블로거들을 체포했고 2017년에는 반체제 인사들에 대한 강력한 탄압이 있었다.

EU 시장에 대한 무역 의존도가 높은 베트남 경제에 부정적 요인으로 작용하고 있다. 그럼에도 불구하고 베트남의 입장은 분명하다. 가짜 민주주의 무리의 행동들이 베트남 민족의 이익에 부정적인 영향을 주었고 친민주주의 성향의 반체제 인사들이 근거 없는 주장으로 베트남의 인권 침해를 선전하고 허위 진술하였으며 이러한 점에 대해 EU 등 국제사회가 주목하는 것이라고 입장을 표명하였다. 베트남의 한 시사 논평은 이러한 상황을 "인권 놀이(Trò chơi nhân quyền)"라는 표현으로 비판하며 베트남 정부가 현명하게 대응할 것이라고 강조하였다.[23]

V. 성찰: 베트남의 인터넷과 정보화주의

이 글의 목적은 최근 베트남의 인터넷 공간에서 나타나고 있는 정치사회적 현상에 주목하고 이러한 양상을 베트남의 대외 개방 및 세계 경제로의 통합의 측면에서 살펴보는 것이었다. 따라서 이 장에서는 결론을 대신하여 베트남에서 인터넷과 정보화주의의

23 베트남 시론. "Hiệp Định Thương Mại Tự Do EVFTA và Trò Chơi Nhân Quyền[EVFTA 자유무역협정과 인권놀이](2017/11/26)." (http://vietnamthoiluan.com/2017/11/4098/hiep-dinh-thuong-mai-tu-evfta-va-tro-choi-nhan-quyen.vntl, 검색일: 2018.01.15.).

가치와 의미를 세계화와 베트남의 정체성을 중심으로 성찰하는 것으로 갈음하고자 한다.

2017년 주요 뉴스 가운데 베트남 온라인 신문 VnExpress는 사회적 관계망에 대한 악성 정보 차단을 그리고 베트남어판 BBC 뉴스는 인터넷 블로거 메넘(Me Nam)의 재판을 주요 이슈로 선정하였다(채수홍·이한우 2018, 41). 이처럼 인터넷과 관련된 사회적 이슈가 연간 주요 뉴스로 선정되었다는 점은 최근 온라인 공간과 관련된 사회적 인식과 반체제 정보에 대한 차단이 베트남 내에서 얼마나 중요한 문제인지를 보여준다.

베트남을 비롯하여 중국, 북한, 미얀마 등 비민주주의 체제들에게 있어서 인터넷 및 정보화의 유입은 경제성장 및 국가경쟁력 향상의 새로운 기회임과 동시에 체제에 위협이 되는 새로운 요소의 등장을 의미한다. 인터넷은 국가 경제발전의 수단인 동시에 기존의 사회문화적인 가치와 정치 이데올로기를 위협할 수 있는 새로운 정보기술이기 때문이다. 이러한 인터넷의 이중적 성격으로 인하여 일당 지배체제 국가는 국제 사회와의 상호의존과 함께 국내 정치사회적 문제를 통제해야 하는 모순적인 부담을 가지게 된다.

베트남에서 인터넷 통제와 관련된 논의는 주요 쟁점으로 진행 중이다. 2017년 11월 13일 네트워크 보안법 초안에 관한 국회 토론에서 공안 장관 또럼(Tô Lâm) 상장(Thượng tướng)은 "만약 보안상의 이유로, 인터넷을 차단하고 네트워크를 사용하지 않는다면, 베트남은 매우 뒤처질 것이다. 그러면 세계와 통합할 수 없다."는 점을 강조하였다. 반면, 다른 지도부 인사들은 '국가 안보'를 위하여 네트워크 상에서 정보를 관리하고 모니터링을 증가시키는 것에 대하여 보다 일치된 견해를 보여주었다. 쩐다이꽝(Trần Đại Quang) 국가주석은 공안부 장관 시절부터 온라인 사이트가 지도자들의 명성을 훼손했기 때문에 악의적인 콘텐츠가 있는 뉴스 사이트와 블로그를 통제해야 할 필요성을 지적한 바 있다.[24]

베트남은 최근 사이버 부대, 륵르엉을 동원하며 한층 강화된 통제로의 변화를 시작하였고 향후 중국 정부와 같이 사이트를 직접 운영하는 방안에 대해서도 검토 중이다. 쯔엉민뚜언(Trương Minh Tuấn) 정보통신부 장관은 "허위 진술, 명예 훼손, 시위와 반정부 활동 등 부정적인 정보는 주로 외국 소유의 소셜 미디어 플랫폼(social media platform)에 의한 것"이라고 언급하면서 "베트남 기업들이 제공하는 소셜 네트워킹 서비스(SNS)를 추진해야 한다"고 강조하였고, 네트워크상의 정보량을 모니터링하는 법률 시스템 및 관리 도구를 개선하기 위한 해결책을 제안했다.[25]

---

24 베트남 언론(VnExpress). "Bộ trưởng Tô Lâm: 'Chặn Internet thì chúng ta không chơi được với ai'[또럼 장관: 인터넷을 차단하면 우리는 누구와도 어울릴 수 없다]." (https://vnexpress.net/tin-tuc/phap-luat/bo-truong-cong-an-chan-internet-thi-ta-khong-choi-duoc-voi-ai-3669835.html, 검색일: 2018.01.20.).

25 베트남 언론(VnExpress). "Việt Nam sẽ thúc đẩy mạng xã hội do doanh nghiệp trong nước cung cấp[베트남은 자국 내 기업의 공급에 의한 소셜 네트워크를 추진할 것이다](2017/11/15)." (https://vnexpress.net/tin-tuc/thoi-su/viet-nam-

사회주의 체제에서 인터넷은 민심을 반영할 수 있는 새로운 통로라는 긍정적인 측면도 있겠지만, 인터넷이라는 새로운 정치공간은 체제를 위협할 만한 반체제 집단을 형성할 수 있다는 취약성이 있다(김진용 2013). 이러한 점 때문에 베트남 정부는 인터넷 공간을 체제 불안의 요인으로 보고 있지만, 만약 지금보다 더욱 엄격하게 통제할 경우 심각한 사회적 동요를 불러일으킬 수 있다는 점 역시 배제할 수 없다. 페이스북과 같은 인기 있는 소셜 미디어 플랫폼을 단순히 차단하는 것은 국제사회와의 통합에 역행하는 움직임으로 보일 수 있으며 대중들로부터 큰 반발을 불러일으킬 수 있기 때문이다.

이 글은 베트남식 정보화주의의 특징을 파악해보기 위하여 지난 20년 간 베트남의 인터넷 발달 과정과 법 규정을 추적하였고 그 양상이 사회 및 경제 전반에 어떠한 영향을 주고 있는가를 중심으로 서술한 것이다. 이 글의 부족한 점, 특히 개념 정의와 이론적 논의 그리고 정보의 유통에 대한 내용 분석 등은 향후 베트남의 상황을 주목하면서 후속 연구를 통해 보완해 나가고자 한다.

---

se-thuc-day-mang-xa-hoi-do-doanh-nghiep-trong-nuoc-cung-cap-3671045.html, 검색일: 2018.03.02.).

참고 문헌

고경민. 2006. "비교 사회주의적 시각에서의 인터넷 딜레마와 인터넷 전략 진화과정." 『한국정치학회보』 40(3): 291-313.

______. 2008. "'독재자의 딜레마'인가 권위주의적 '사이버 체제'인가? 권위주의 체제에서 인터넷의 정치적 영향과 통제 메커니즘." 『국제지역연구』 12(3): 31-56.

김진용. 2013. "중국의 인터넷 통제 메커니즘." 『정보화정책』 20(1): 61-84.

백용훈. 2017. "AEC 출범 이후 베트남 경제의 기회와 도전." 『국제지역연구』 21(4): 101-124.

이한우. 2016. "베트남은 동아시아 발전국가를 따르는가?: 30년 개혁과정의 '발전 모델' 고찰." 『동남아시아연구』 26(3): 51-90.

채수홍·이한우. 2018. "베트남 2017: 경제, 정치, 대외관계의 현황과 전망." 『동남아시아연구』 28(1): 21-51.

Boas, T. and Kalathil, S. 2003. *Open Networks, Closed regimes: The Impact of the Internet on Authoritarian Rule.* Carnegie Endowment for International Pease, Washington D.C.

Castells, Manuel. 2000. *The Rise of The Network Society.* Wiley.

______. 2004. "1. Informationalism, Networks, and the Network Society: A Theoretical Blueprint." Manuel Castells, ed. *The Network Society: A Cross-cultural Perspective.* Edward Elgar

Publishing Limited.

Hachigian, Nina. 2001. "China's cyber-strategy." *Foreign Affairs* 80(2): 118-133.

Harwi, Eric and Clark, Duncan. 2001. "Shaping the Internet in China: Evolution of Political Control Over Network Infrastructure and Content." *Asian Survey* 41(3): 377-408.

Hughes, Christopher R. and Gudrun Wacker. 2003. *China and the Internet: Politics of the digital leap forward*. RoutledgeCurzon.

Jiang, Min. 2010. Authoritarian Informationalism: China's approach to Internet sovereignty. *SAIS Review of International Affairs* 30(2), 71-89. Available at SSRN: https://ssrn.com/abstract=1702128

King, Gary, Jannifer Pan, and Margaret E, Roberts. 2013. "How Censorship in China Allows Government Criticism but Silences Collective Expression." American Political Science Review 107(2, May): 1-18.

Luong Dinh Hai. 2016. "Impacts of the Internet Groups in Vietnam at Present." *Vietnam Social Sciences* 3: 61-72.

Mai Duong. 2017. "Blogging Three Ways in Vietnam's Political Blogosphere." Contemporary Southeast Asia 39(2): 373-392.

Qiu, Jack Linchuan. 1999. "Virtual Censorship in China: Keeping the Gate between the Cyberspaces." *International Journal of Communications Law and Policy* 4: 1-25.

______. 2003. "The Internet in China: Data and Issues." Working

Paper Prepared for Annenberg Research Seminar on International Communication (Oct. 1, 2003).

Yang, Guobin. 2003. "The Internet and Civil Society in China: A Preliminary Assessment." *Journal of Contemporary China* 12(36): 453–475.

베트남어 논문

Nguyễn Thị Kim Hoa and Nguyễn Lan Nguyên. 2016. "Tác động của mạng xã hội Facebook đối với sinh viên hiện nay." *Tạp chí Khoa học ĐHQGHN: Nghiên cứu Chính sách và Quản lý* 32(2): 68–74.

Trần Thị Minh Đức and Bùi Thị Hồng Thái. 2014. "Sử dụng mạng xã hội trong sinh viên Việt Nam." *Tạp chí Khoa học xã hội Việt Nam* 8(81): 50–60.

인터넷 자료

베트남 법학과 잡지(Luật Khoa tạp chí). "20 năm làm luật kiểm soát Internet ở Việt Nam[베트남의 인터넷 검열법 20년]." (https://www.luatkhoa.org/2017/11/20-nam-lam-luat-kiem-soat-internet-o-viet-nam/, 검색일: 2018.02.12.~23.).

베트남 시론. "Hiệp Định Thương Mại Tự Do EVFTA và Trò Chơi Nhân Quyền[EVFTA 자유무역협정과 인권놀이](2017/11/26)." (http://vietnamthoiluan.com/2017/11/4098/hiep-dinh-thuong-mai-tu-evfta-va-tro-choi-nhan-quyen.vntl, 검색일: 2018.01.15.).

베트남 언론(Báo Mới). "Internet thay đổi cuộc sống người Việt như thế nào qua 20 năm?인터넷은 지난 20년 간 베트남 사람들의 삶을 어떻게 바꾸었나?](2017/11/27)" (https://baomoi.com/internet-thay-doi-cuoc-song-nguoi-viet-nhu-the-nao-qua-20-nam/c/24087859.epi, 검색일: 2018.03.02.).

베트남 언론(Báo Nhân Dân). "Vì sao Nguyễn Ngọc Như Quỳnh bị khởi tố và xét xử? [왜 Nguyen Ngoc Nhu Quynh은 기소되어 재판을 받았나?](2017/06/27)" (http://www.nhandan.com.vn/chinhtri/item/33288802-vi-sao-nguyen-ngoc-nhu-quynh-bi-khoi-to-va-xet-xu.html, 검색일: 2018.01.15.).

베트남 언론(Tuổi Trẻ). "Hơn 10.000 người trong 'Lực lượng 47' đấu tranh trên mạng [1만 명 이상의 '륵르엉 47' 부대가 인터넷 상에서 투쟁한다](2017/12/25)."(https://tuoitre.vn/hon-10-000-nguoi-trong-luc-luong-47-dau-tranh-tren-mang-20171225150602912.htm, 검색일: 2018.01.20.).

베트남 언론(VnExpress). "Vietnam climbs to seventh worldwide for number of Facebook users: report(2017/07/16)." (https://e.vnexpress.net/news/business/data-speaks/vietnam-climbs-to-seventh-worldwide-for-number-of-facebook-users-report-3614034.html, 검색일: 2018.01.16.).

베트남 언론(VnExpress). "Bộ trưởng Tô Lâm: 'Chặn Internet thì chúng ta không chơi được với ai'[또럼 장관: 인터넷을 차단하면 우리는 누구와도 어울릴 수 없다]." (https://vnexpress.net/

tin-tuc/phap-luat/bo-truong-cong-an-chan-internet-thi-ta-khong-choi-duoc-voi-ai-3669835.html, 검색일: 2018.01.20.).

베트남 언론(VnExpress). "Việt Nam sẽ thúc đẩy mạng xã hội do doanh nghiệp trong nước cung cấp[베트남은 자국 내 기업의 공급에 의한 소셜 네트워크를 추진할 것이다](2017/11/15)." (https://vnexpress.net/tin-tuc/thoi-su/viet-nam-se-thuc-day-mang-xa-hoi-do-doanh-nghiep-trong-nuoc-cung-cap-3671045.html, 검색일: 2018.03.02.).

베트남인터넷협회(Vietnam Internet Association), http://via.org.vn/lich-su-va-nhung-moc-son-phat-trien-internet-viet-nam (검색일: 2018.01.28.).

산업화, 현대화를 위한 정보기술 발전 및 응용 촉진에 관한 지시문(58-CT/TW, Đẩy mạnh ứng dụng và phát triển công nghệ thông tin phục vụ sự nghiệp công nghiệp hoá, hiện đại hoá) (http://mic.gov.vn/Pages/vanban/chitietvanban.aspx?IDVB=10191, 검색일: 2018.01.30.).

CIA World Fact Book(2017, https://www.cia.gov/library/publications/the-world-factbook/geos/vm.html, 검색일: 2018.01.03.).

EU-Vietnam FTA needs to balance interests: Deputy PM (2017/11/21) (http://en.nhandan.com.vn/politics/external-relations/item/5661202-eu-vietnam-fta-needs-to-balance-interests-deputy-pm.html, 검색일: 2018.01.14.).

Force 47 to Crack Down on Vietnamese Activists [베트남 활동가들을 강경 진압하기 위한 Force 47] (https://www.pcrisk.com/internet-threat-news/12087-force-47-to-crack-down-on-vietnamese-activists, 검색일: 2018/01/20).

Freedom House. 2017. "Freedom on the Net 2017" (https://freedomhouse.org/sites/default/files/FOTN_2017_Full_Report.pdf, 검색일: 2018.02.23.)

VOA. "Việt Nam đề nghị EU không đưa nhân quyền vào hiệp định thương mại[베트남은 무역협정에 인권 조항을 포함시키지 말 것을 EU에 제안한다](2017/11/24).", https://www.voatiengviet.com/a/vietnam-de-nghi-eu-khong-dua-nhan-quyen-vao-hiep-dinh-thuong-mai/4135159.html(검색일: 2018.01.20.).

VOV. "Nhiều người trẻ ở Việt Nam đang mắc bệnh "nghiện" và "ngáo" Facebook[베트남의 많은 젊은층들이 페이스북에 중독되어 있다.](2017/07/09)." http://vov.vn/xa-hoi/nhieu-nguoi-tre-o-viet-nam-dang-mac-benh-nghien-va-ngao-facebook-644437.vov(검색일: 2018.01.16.).

2001-2010년 베트남 우정 통신 발전 전략 및 2020년까지의 비전에 관한 총리 결정문(158/2001/QĐ-TTg, Phê duyệt Chiến lược phát triển Bưu chính - Viễn thông Việt Nam đến năm 2010 và định hướng đến năm 2020) (http://moj.gov.vn/vbpq/lists/vn%20bn%20php%20lut/view_detail.aspx?itemid=23074, 검색일: 2018.03.02.).

2020년까지의 베트남 수출품목 경쟁력 강화 제안에 대한 승인과 2030년까지의 정책방향 수립에 관한 결정문 (No. 1137/QĐ-TTg, Đề án nâng cao năng lực cạnh tranh các mặt hàng xuất khẩu của Việt Nam đến năm 2020, định hướng đến năm 2030) (http://vanban.chinhphu.vn/portal/page/portal/chinhphu/

hethongvanban?class_id=2&mode=detail&document_id=190587,
검색일: 2017.09.20.).

베트남 인터넷 서비스 관련 주요 법률 (1997년~2017년)

시기	법령	조항	내용
1997년 3월	인터넷의 관리, 설립 및 사용 관련 임시 규정 관한 시행령(21-CP)	3조	"베트남에서 제공되고 전달되는 모든 정보는 거짓된, 반국가적 정보; 반동적인 문화 전파; 혁명적 업적을 훼손하는 정보를 포함하지 않아야 한다."
1997년 10월	국가 안보를 보장하기 위한 인터넷 활동 검사 및 통제를 위한 조치 그리고 장비에 관한 규정 공포 결정문(848/1997/QĐ-BNV)	6조 4항	"베트남과 관련된 정치, 경제, 문화, 그리고 사회와 관련된 쟁점에 관한 세미나를 인터넷 상에서 조직하고 참여하지 않는다; 원하는 경우 등록 후 실현해야 한다."
1997년 11월 12일	우편 및 통신에 관한 시행령(109/1997/NĐ-CP)	96조 9항	"통신 서비스를 제공하는 기업은 국가 보안, 사회 질서 및 안전, 기밀 유지 및 정보 안전에 대한 국가 통제를 받아야 한다."
1997년 11월 19일	베트남, 글로벌 인터넷망에 공식 가입		
1999년 12월	1999년 형사법부	79조, 88조, 258조	"인터넷 상에서의 활동을 포함하여 국가에 대항하여 선전 활동을 하는 누구나 투옥한다."

2001년 6월	문화 및 정보 분야의 행정 제재에 관한 시행령(31/2001/NĐ-CP)	9조 3항	"국가에 대항하고, 역사를 왜곡하고, 혁명적 업적을 부정하고, 영웅을 모욕하는 등의 정보를 제공할 때 3천~7천만 동의 벌금을 부과한다. 그러나 형사 책임 추구 수준까지는 아니다."
2001년 8월	인터넷 서비스 관리, 제공 및 사용에 관한 시행령(55/2001/NĐ-CP) (1997년 시행령(21-CP) 대체)	6조 1항	"인터넷에 관한 정보는 언론법, 출판법 및 기타 법률을 준수해야 한다."
		33조	"공안부는 인터넷 활동의 보안을 보장하기 위하여 국가 관리를 시행한다."
2002년 4월	1989년 언론법 및 1999년 개정 언론법 시행에 관한 시행령(51/2002/NĐ-CP)	5조 1항 21조	"반국가적 및 전인민의 단결을 훼손하는 내용의 정보를 게시할 수 없다."
2004년 12월	2004년 국가보안법	13조	"인터넷 발언 활동은 반정부 내용이 있는 경우 국가 안보를 위반하는 것으로 간주된다."
2005년 7월	인터넷 대리인 관리에 관한 공동 회보(02/2005/TTLT/BCVT-VHTT-CA-KHĐT)	1목 3항	"인터넷 사용자가 제한된 페이지에 액세스 하는 것; 국가에 대항하기 위하여 인터넷을 이용하는 것, 보안 및 질서를 교란시키기 위하여 인터넷을 사용하는 것을 금지한다."
2006년 6월	문화 및 정보 활동에 대한 행정 위반의 제재에 관한 시행령(56/2006/NĐ-CP)	7조 3-4항	"허가를 받지 않은 웹사이트 및 전자 신문에 대해서는 1천~3천만 동의 벌금을 부과한다."

2006년 6월	2006년 정보기술법	12조	"국가에 대항, 국가 단합의 파괴, 국가 기밀 폭로를 목적으로 정보를 교환하거나 제공하는 것을 금지한다."
		23조 2항	"웹사이트를 설정하려는 조직과 개인은 ".vn" 도메인 이름을 사용해야 한다. 혹은 ".vn" 도메인을 사용하지 않는 경우 우정통신부에 통보해야 한다."
2007년 4월	정보 기술 영역에서 행정적 위반 처벌에 관한 시행령(63/2007/NĐ-CP)	6조 7항	"국가에 대항하고 전인민의 단결을 훼손하는 것을 목적으로 디지털 정보를 교환하고 저장하는 행위에 대해 7천만~1억 동의 벌금을 부과한다. 이는 형사 책임 추구 수준까지는 아니다."
2008년 8월	인터넷 서비스 및 전자 정보의 관리, 제공 및 사용에 관한 시행령(97/2008/NĐ-CP) (55/2001/NĐ-CP 시행령 대체)	11조 2항	"사용자 정보를 제공하려면 소셜 네트워킹 사이트가 필요하다; 국가에 대항하고 국가 안보, 사회 질서 및 안전에 대한 피해를 유발하는 정보를 차단한다."
		19조	"인터넷 상에서 종합 웹사이트, 소셜 네트워킹 서비스, 특수 응용 프로그램은 웹사이트를 설정하기 위하여 라이센스를 신청하고 등록해야 한다."
2008년 12월	97/2008/NĐ-CP 시행령에서 개인 웹사이트에서 정보 제공에 대한 시행령	1조	"개인 정보 사이트(블로그)는 인터넷에서 호스팅, 교환 또는 공유를 목적으로만 개인 정보를 게시할 수 있다."
		5.3조	"소셜 네트워킹 서비스를 제공하는 기업은 요청시 규제 기관에 사용자 정보를 제공해야 한다."

2009년 11월	2009년 통신법	6조 4항	"통신 사업자는 필요한 경우 국가에게 사용자 정보를 제공해야한다."
		15조	"통신 서비스 대리인은 국가에 대항할 목적으로; 국가 안보, 사회 질서 및 안전을 해칠 목적으로 통신 서비스를 사용하는 사람들 누구에게나 서비스를 제공하지 않는다."
2010년 6월	소셜 네트워크 및 웹 사이트를 위한 인터넷 서비스 관리, 제공 및 사용에 대한 법령(97/2008/NĐ-CP)을 안내하는(이끄는) 시행 규칙(14/2010/TT-BTTTT)	5조 1항	"국가에 대항하기 위하여, 국가 안보, 사회 질서 및 안전을 훼손하기 위하여 웹사이트를 개설한 사람들에게는 인터넷 서비스를 제공하지 않는다."
		5조 3항	"정부가 요구할 경우 네트워크 관리자는 반국가적 웹사이트에 대한 정보를 제공해야 한다."
2011년 1월	언론 및 출판 활동에 대한 행정 처벌에 관한 시행령(02/2011/NĐ-CP)	4조 5항	"허가 없이 전자 신문을 발행하면 3천~4천만 동의 벌금을 부과한다."
		17조 2항	"인터넷 상에서 게시자가 ".vn" 도메인 이름을 사용하지 않는 웹사이트에 발행물을 게시하는 경우 5백~1천만 동의 벌금을 부과한다."
2012년 11월	2012년 출판법	45조	"인터넷에 게시되기를 원하는 모든 자료는 승인을 받은 발행자 혹은 조직이 게시를 하고 ".vn" 도메인을 통해야 한다."

2013년 7월	인터넷 정보의 관리, 제공 및 사용에 관한 시행령(72/2013/NĐ-CP) (97/2008/NĐ-CP 시행령 대체)	22조	"외국 기관, 기업 및 개인은 베트남의 사용자 또는 접속자에게 국경을 초월한 공공의 정보를 제공하면서 베트남 법률 조항을 준수해야 한다."
		25조 7항	"소셜 네트워킹 사이트를 구성하는 조직과 기업은 관리 기관의 요청에 따라 범죄 활동 및 법률 위반과 관련된 정보를 사용자에게 제공해야 한다."
2013년 11월	우편, 통신, 정보 기술 및 무선 주파수 분야의 행정 위반을 처벌하는 시행령(174/2013/NĐ-CP)	64조, 65조	"국가에 대항하여 선전; 단결을 훼손하는; 혁명적 업적을 부인하는 행위가 있는 소셜네트워크, 웹사이트를 제공하는 기업, 조직에 대해 최대 1억 동까지의 벌금을 부과한다. 단, 형사 책임 추구 수준까지는 아니다."
2014년 8월	웹사이트 및 소셜 네트워크에 관한 정보의 관리, 제공 및 사용에 관한 자세한 시행 규칙(09/2014/TT-BTTTT)	5조	"관리 기관이 요구할 때 집계된 웹사이트와 소셜 네트워크는 국가에 대항하고 국가 안보에 영향을 주는 선전 정보를 3시간 이내에 즉시 제거해야 한다."
2016년 12월	국경을 초월한 공공 정보 제공에 관한 시행규칙(38/2016/TT-BTTTT)	5조	"국가에 대항하고; 국가 안보, 사회질서 및 안전에 해를 끼치는 것을 목적으로 외국으로부터 베트남으로 들어오는 정보는 기관 관리에 의하여 제거되고 액세스 요청을 차단할 수 있다."
		6조	"베트남 기업이 해외 개인, 기업에게 서버 공간을 임대할 경우에, 국가에 대항하고, 국가 안보를 해치는 등의 정보가 발생할 때 정보통신부에 즉시 통보해야 한다."

2017년 6월	공안부-네트워크 보안법 초안	-	"국가 기관은 인터넷 상에서 국가 안보를 침해하고 국가에 대항하는 "틀린 사실의 정보에 대해서는 그것이 무엇이든지 간에" 차단하기 위하여 간섭할 수 있다."
			"통신 및 인터넷 서비스를 다루는 회사는 관리 기관을 위하여 사용자 정보 및 활동을 확실히 인증해야 한다."
			"베트남에서 인터넷 및 통신 서비스를 제공하는 외국 회사는 베트남에 사업장을 등록하고 서버를 설치해야 한다."

출처: 베트남 법학과 잡지(Luật Khoa tạp chí, https://www.luatkhoa.org/2017/11/20-nam-lam-luat-kiem-soat-internet-o-viet-nam/) 및 베트남사회주의공화국 정부 홈페이지(http://vanban.chinhphu.vn/) 법률 문서(Văn bản quy phạm pháp luật)를 참고하여 필자 작성(검색일: 2018.02.15.~23.).

3.

전통과 현대의 경계에서:

태국 따이(Tai)인들의 전통 의례용 직물의 현대적 변용

최승연

3 전통과 현대의 경계에서: 태국 따이(Tai)인들의 전통 의례용 직물의 현대적 변용

최승연

I. 서론

태국은 지리학적으로 대륙부 동남아시아의 중앙에 위치하고 북쪽으로는 미얀마와 라오스, 동쪽으로는 라오스 중부와 남부 지역과 베트남, 남쪽으로는 캄보디아와 접해 있는 국가이다. 일반적으로 태국 문화를 이해하기 위해 고려하는 요소들이 상좌부 불교(Theravada Buddhism), 국왕, 그리고 다양한 인종들로 구성된 국가라는 점이다. 태국 사회 인종들을 조금 더 언급하기 위해 동남아시아의 인종들을 언어군의 기준으로 구분하면, 크게 시노 티벳어족(Sino-Tibetan), 오스트로아시아어족(Austro-Asiatic), 따이 카다이어족(Tai-Kadai), 먀오-야오어족(Miao-Yao), 오스트로네시아어족(Austronesia)의 5가지 어족(박장식 1998 : 19-20)이다. 이 가운데 따이 카다이어족의 사람들은 중국 양자강 유역의 남쪽에서 기원했을 것이라고 추정되고 있으며, 지난 이천 년 동안 이들 따이 카다이 어족의 선조들은 베트남, 라오스, 태국, 미얀마, 인도로 확산되어 수많은 하위집단으로 세분화되어 왔다(Patricia Cheesman 2009 : 25-43). 이 하위집단들은 태국 중부와 남부에서는 타이족(Thai), 태국 북부와 라오스에서는 라오족(Lao), 미얀마 북동부에서는 샨족(Shan), 베트남에서는 따이 등(Tai Deng 혹은 Red Tai), 따이 담(Tai Dam 혹은 Black Tai)이라고도 불리고 있다.

현재 태국은 중부와 남부의 타이족과 그리고 북부의 라오족이라 불리는 따이족이 다수 인종을 차지하고 있고 그 외 말레이계(Malay), 몬(Mon), 베트남(Vietnam), 버마(Burma), 인도(India), 북부 고산족 그리고 이들의 혼혈인종(김영애 1999 : 93-94)으로 구성되어 있다. 태국에 정착했던 따이인들은 지역마다 상이한 차이가 있음에도 동남아시아 다른 지역 따이인들과 마찬가지로 벼농사 중심의 전통적인 농업 경제, 상좌부불교도, 그로 인해 사원(wat)이 사회와 공동체의 핵심적인 기능을 담당하는 신앙체계와 이에 영향을 받은 가족과 친족구조의 유사성도 공유하고 있다.

이 글에서는 전통적인 태국사회에서 직물의 생산과 시용이 상좌부 불교의 핵심적인 종교원리, 태국 사회 가정과 사원과의 상호관계 안에서 따이 여성의 사회적 역할과 밀접한 관계를 맺어 왔다는 점을 살펴보고자 한다. 이를 위해 본문에서는 먼저 상좌부 불교의 종교 원리가 전통적인 태국의 가족과 사원 중심의 공동체 안에서 여성의 역할과 지위를 규정하는 방식들에 관해 언급한다.

또한 전통적인 태국의 일상과 사원 의례에서 필수적으로 사용되어 왔으며 상징적인 의미가 부여되어 왔던 전통적인 태국 직물의 생산과 사용의 의미, 그리고 변화 양상을 몇 가지 사례들을 통해 간략히 살펴보고자 한다. 그리고 마지막으로 현대사회에서 달라진 태국 따이인들의 생업 경제의 특징과 이것이 여성들의 사회적 역할의 변화 그리고 의례적 직물의 생산과 사용에 어떤 변화를 가져왔는지를 살펴보고자 한다.

Ⅱ. 상좌부 불교와 덕(merit)의 실천으로서 여성의 전통 직물 생산

태국은 국민들 90% 이상이 불교도인 불교국가이며 상좌부 불교는 인도에서 스리랑카에 전파되어 태국의 쑤코타이(Sukhothai) 왕국 초기(람캄행 3대왕)에 수용되었다(김영애 2001 : 29-36). 불교 수용 이전에 태국 토착민들에게 있었던 생령(生靈)인 콴(khwan)과 정령(精靈)인 피(phi)사상을 중심으로 하는 샤머니즘(shamanism), 그리고 크메르인들에 의해 수용된 브라만교가 상좌부불교와 융합되어 현재 태국인들의 종교가 되었다. 이 혼합적인 종교들 안에서도 태국 종교는 샤머니즘을 근간으로 하는 상좌부 불교가 핵심적인 교리로서, 불교는 태국 역대 왕실의 중요한 통치 이념인 동시에 일반인들의 신앙의 대상으로서 태국 사회에 자리잡아 왔다.

태국은 승려들의 탁발과 신도들의 공양, 그리고 크고 작은 의례들이 빈번하며 많은 불교 사원들이 존재하는 불교와 분리하여 생각할 수 없는 문화이다. 이와 같이 전통적으로 태국인들의 일상에 자리한 태국 불교는 중생의 구제를 목적으로 하는 것이 아닌 개인들의 깨달음과 해탈을 중요하게 생각하는 소승불교(Hinayana)라고 알려져 있다. 태국 불교는 일반적인 종교 이념과 마찬가지로 태국 사회라는 장에서 각 개인들이 일생동안 추구해야 할 우주와 삶에 대한 이해와 구체적인 삶의 행동 규범을 제시하고 있다. 태국 불교에서는 인간의 탄생과 현재의 삶의 과정, 그리고 죽음을 업(Karma)으로 설명하고 있다. 현재의 삶은 전생의 덕(merit)에 의해 결정되고 후세의 삶도 현재 삶의 덕에 의해 결정된다. 현생에서 사람들이 하는 행동의 결과들은 다음 생에 영향을 주고 좋은 일을 행하는 것은 미덕을 쌓아서 더 나은 환생을 보장해 준다는 것이다. 일반 신도들은 후생을 위한 덕을 쌓는 다양한 방법 가운데에는 남성은 승려가 되거나 아들을 둔 가정에서는 아들을 승려로 출가시키는 것이 포함된다. 이외에도 승려가 출가하는 날, 보시하는 날, 자식을 승려로 출가시키는 날, 불적을 순례하는 날, 매일 탁발하거나 사원을 참배하는 승려에게 음식물과 직물을 포함한 물품들을 공양(김홍구 2006 : 148-149)하는 것도 또 하나의 덕을 쌓는 행위의 일부였다.

태국 상좌부 불교는 출가를 해서 정식 승려가 될 수 있는 대상은 오직 만 20세 이상의 남성만이 가능하고 여성은 그 자격에서 배제된다는 점에서 남성 중심적 혹은 엘리트 불교(조흥국 2007 : 76-

77)라는 비판을 받아왔다. 또한 남성들이 승가에 입적하게 되면 승려들이 생활을 위해 필요한 의식주 전반을 일반 신도들에게 의존해 왔다. 남성들만이 승려로서 출가할 수 있는 이와 같은 태국 불교의 특징이 남성 중심적인 교단 내의 위계적인 질서뿐만 아니라 전통적인 태국 가족 구조 안에서 여성 중심의 성역할(gender)을 재생산하게 하는 관념적인 근거를 제공해 온 것이다. 다시 말해, 태국에서는 가족의 생계를 책임져야 하는 남성들이 승려로 출가하는 상황들이 빈번해지면서 모계 중심적 가족 구조의 형성, 그리고 어머니와 딸을 포함한 여성들이 가족의 생계부양과 승가에 대해 물품을 제공하는 의무라는 여성의 고정적인 성 역할(이동옥 2001 : 448-449)이 만들어져 왔다. 여성들은 가정에서 소비되는 것과 확대가족 구성원들을 위한 것 이외에도 남성 승려와 이들의 집합체인 승가에서 소비하는 용도의 물건 그리고 중요한 종교 의례에 사용되는 음식과 의복 등을 생산하는 책임을 맡아왔다. 이것은 불교 원리에 입각해 보면 여성들이 일상에서 내세를 위해 미덕을 쌓는 최고의 행위를 실천하는 것이었다.

전통적인 태국 농촌 사람들은 쌀농사 중심의 농업이 중요한 경제적 기반이었으며 여기에 면화와 뽕나무 재배가 함께 이루어졌다. 샤머니즘에 기초한 다양한 불교 의례가 일상화된 전통적인 이들 사회에서 주 생계원인 쌀 농사 이외에 면과 견과 같은 직물의 생산과 사용은 자신들의 기본적인 소비를 위한 의복생산이라는 일차적인 기능을 넘어 다양한 의례에 사용되는 직물을 생산해야 하는 중요한 의무였다. 이것은 태국인들의 삶의 가장 중요한 지침이 되는 상좌부 불교 교리가 실현되는 과정과 관련된 사회적 분화, 성별 노동 분화 그리고 여성의 정체성 등의 다양한 층위와 문화적 의미를 포함하고 있다.

구체적으로 전통적인 가족 구조 안에서 여성의 직물 생산의 의미를 살펴보면, 소녀들은 어린 시절부터 섬유 재배, 제사, 직조, 염색과 관련된 많은 과정들이 집안에서 그리고 마을 주변에서 일어나는 것을 보고 자라게 되고 엄마 혹은 여성 친척들에게 직조를 전수받고 이것이 어린 소녀들이 가정과 사회에서 해야 하는 가장 중요한 의무였다. 의례적인 중요성을 가진 직물을 직조할 경우 상징적인 의미를 가진 문양들, 직조 기술, 염색 방법 등은 문자로서 기록되는 것이 아니라 여성들 안에서 세대에서 세대로 전승되었다. 소녀들은 이와 같은 어린 시기를 거치면서 직조 기술은 숙련을 더해가고 그녀가 결혼을 하게 될 즈음에는 소녀는 가정에서 사용할 용도와 의례적인 용도로 사용할 다양한 직물들을 직조하는 방법을 알게 된다. 마을 안에서 어린 여성들의 직조 기술이 소문이 나게 되면 이 여성들은 미래의 좋은 신부감의 자질을 갖추는 것으로 인정받았다(H . Leedom Lefferts, JR 1992 : 59-61). 따라서 전통사회에서 결혼 전, 후 여성의 직조 능력은 그녀의 신부로서 그리고 결혼 후 가족관계에서 안에서 여성으로서의 훌륭한 자질을 동시에 확인해주는 기준이 되었다.

결혼 이후에도 여성들은 자신들의 소비와 친족들이 사용하기 위한 필요성 때문에 직물을 생산하는 것 이외에도 사원과 사제들이 사용할 직물 역시 만들어야 했다. 특히 사원과 사제에게 드리는 직물을 만든다는 것은 자신들의 덕을 쌓는 매우 중요한 행위로, 직접 재배하여 얻은 재료와 정교하고 섬세한 기술, 정성을 담아 직물을 만들고 천연재료로 염색을 하는 과정들은 모두 여성들이 할 수 있는 최고의 불교적 덕을 실천하는 방식이었다.

전통적인 태국 사회에 공장에서 만들어진 직물과 의복이 대량으로 유통되기 이전의 여성들은 사실상 모든 가정용 그리고 사원에서 소비되는 직물을 생산하고 이것을 다른 공동체에 제공하는 중요한 역할을 하였다. 더구나 가족과 친족관계 안에서 직물의 교환은 이들의 상호관계를 규정하고 공동체 안에서의 인간관계를 중재하는 역할도 하였다. 그렇게 함으로써 전통적인 사회에서 직물생산은 이들 여성들이 가족 집단과 사회, 그리고 불교의 교리를 실천하는 자신의 정체성을 확인하는 중요한 행위였던 것이다.

Ⅲ. 의례적 의미를 지닌 전통 직물의 생산과 사용

1. 남성복과 여성복

태국 여성들의 전통적인 의복은 어깨에 두르는 파 사바이

(pha sabai) 혹은 파 킷(phaa khit) 그리고 치마인 파신(pha sin)이다. 그리고 전통적인 남성복의 경우 바지인 파사롱(pha sarong) 혹은 파 츙카벤(pha chongkaben)을 착용하였다. 전통적인 여성용 파 사바이 가운데 의례적인 중요성을 지닌 것의 경우 기하학적 문양, 식물과 꽃, 별, 용, 새, 생명의 나무 등의 문양을 직조하여 결혼식 등에 착용하였다. 의례적인 중요성을 가진 파 사바이는 특별한 문양에 더해 면직물이 아닌 견직물로 직조하고 금사나 은사로 화려한 장식을 한 경우가 많았다. 결혼 의례에서 신부는 시어머니에게 파 사바이를 선물하게 되고 시어머니는 선물로 받은 파 사바이를 잘 보관해 두었다가 자신의 장례식 관을 덮는 용도로 사용하였다.

치마인 전통적인 파신의 경우 의례적으로 중요한 경우에 착용하는 것은 위사 이캇(weft ikat)인 매트 미(mat mii)기법으로 직조된 경우가 많았다. 파신은 허리, 중심부분, 다리부분의 세 부분의 구성 요소를 엄격하게 준수하도록 했으나 따이인들 사이에서 어깨 의복과 파신은 많은 변화를 거듭해 왔고 의례적 중요성을 지녔던 전통적인 문양과 색상은 현재는 큰 의미가 없게 되었다. 현재 파신은 공장에서 생산된 형태에 어깨 의복은 서양식의 셔츠를 착용하는 경우가 일반적이다.

남성과 여성의 차이 그리고 중요한 의례의 종류에 따라 문양과 직조 방식의 차이를 두었던 파 사바이, 파신, 파사롱, 파츙카벤은 어떤 따이 지역에서는 공장제 상업 직물들로 대체되거나 더 이상 착용하지 않는다. 과거에 이들 의복에서 중요하게 규정되었던 재료, 상징적인 문양, 특정한 직조기법 등은 현재는 그 의례적인 중요성을 잃어가고 이것의 착용 역시 일상적이지 않게 되었다. 태국 농촌의 젊은 사람들은 서양식의 셔츠와 청바지를 입고 농사일을 하는 경우가 대부분이다. 공장제 상업적 직물들이 시장에 등장하면서 대량 생산된 동일한 상품들이 전통적인 직조품을 대체하게 되었기 때문이다.

2. 머리 의복(Head Cloths)

전통적으로 따이인들은 머리는 사람의 생명의 정기가 모이는 곳이며 주술적인 힘이 자리한 곳이라고 생각했다. 따라서 신성한 머리를 보호하고 다른 것과 접촉시키지 않도록 머리 의복을 착용하였다. 전통적인 머리 의복은 치마, 어깨 의복 혹은 다른 용도로도 사용할 수 없었고 특히 의례적 의미를 가진 상징적인 문양만이 머리 의복에 사용되었다. 태국 따이 담(Tai Dam), 따이 푸안(Tai Phuan), 푸 타이(Phu Tai) 등 따이 부족들은 여전히 여성들이 머리 주변에 작은 머리 의복을 착용하기도 하고 타이-라오(Thai-Lao) 남성들은 승려가 되기 전에 승려의 어머니가 직접 견으로 직조한 머리 의복을 착용하였다.

그러나 오늘날 대부분의 따이인들은 머리 의복을 착용하지도 않고 수도승의 어머니도 자신의 아들을 위해 머리 수건을 직접 직조하지도 않는다. 대신에 의례적으로 착용해야 할 경우에는 머리 의복이 아닌 다른 용도의 직물로 대체하거나 공장에서 생산된 상업적인 직물을 사용한다. 또한 전통적으로는 의례적 오염의 관념으로 다른 신체 부위를 덮는 용도로는 사용되지 않았던 머리 의복이 현재에는 소녀들이 춤을 출 때 장식용으로 머리를 감싸는 다른 용도로 사용되는 등 과거의 의례적인 중요성은 사라졌다.

3. 결혼 예물로서 직물

전통 태국 농촌에서 남녀의 결혼이 결정되면 부모와 사원의 승려가 상담하여 결혼 일자를 정하게 되는데, 이 기간 예비 신부는 자신의 새로운 가정을 위한, 그리고 자신의 가족과 미래의 남편의 가족들에게 주는 결혼 예물 직물들을 직조하게 된다. 결혼식에 제공되는 관습적인 선물들은 다양하지만 일반적으로 신부는 시어머니에게 선물할 파신과 결혼 후 사용할 침대보, 베개, 깔개 등을 직조하게 된다. 특히, 전통적인 따이 사회에서 관행적인 선물 교환 중에는 베개 교환이 있다. 이것들은 가족의 중요한 행사(결혼식과 집 축복식)에서 사용되거나 사원의 사제에게 바쳐지다. 이외에도 여성들은 베개를 자신보다 위에 있는 연장자들인 부모, 나이 든 친척들, 존경하는 손님들, 그리고 다른 사람들에게 선물한다. 이들 선물들은 주는 사람과 받는 사람 사이에 위계적인 관계를 상징하였다. 베개가 매트와 결합이 되면 이 선물의 상징적인 의미는 더 넓은 의미(즉 더 큰 사회적 관계를 포함한다는)를 갖게 된다. 더 넓은 맥락에서 작은 의복, 베개 그리고 짝을 이루는 베개선물세트와 매트는 각각의 동맹을 상징한다. 오늘날 대부분의 따이 사람들 안에서 베개와 매트의 직조, 문양은 여전히 장식품으로서 많은 가정들이 베개를 전시하거나 손님이 집에서 묵고 갈 때 혹은 타인에게 선물용으로 사용되기도 한다. 그러나 현재는 과거의 중요한 의례적인 의미는 사라진 지 오래다. 베개는 현재 사원의 사제에게 바치는 중요한 선물로서 남아있지만 일반 사람들의 선물 교환으로서는 거의 남아 있지 않은 경우가 많다.

신부가 과거에 결혼 예물로 직접 직조 했던 침대보, 담요, 베개 등은 현재는 공장에서 생산된 직물로 대체되었다. 간혹 직조와 염색을 하는 경우에도 과거와 같이 면화를 재배하여 면실을 방적하지 않고 시장에서 구매하거나 천연 염료는 거의 화학염료로 대체되었다.

또한 과거에는 가정의례와 사원에 봉헌하기 위한 직물들에는 용도에 따라 상징적인 문양들이 별도로 존재하고 어떤 것들은 사제를 위해서만 직조되고 어떤 것들은 가족 안의 개인들, 그리고 손님들을 위한 것이 있어서 이에 따른 문양을 선택하였다. 현재에는 이러한 구분은 더 이상 지속되지 않는다.

4. 불교 의례와 직물

태국의 남자 아이들은 어른이 되면 사원에 일정 기간 들어가게 된다. 대부분의 남자 아이들은 3개월 후에 사원을 떠나지만 몇몇은 봉헌식(ordination)을 통해 일생 동안 사원에 머무르는 승려가 된다. 승려와 불교사원(wat)은 지역 공동체의 지원에 의해 유지가 된다. 여성의 역할은 날마다 음식을 보시하고 사원에서 필요로 하는 가사와 다른 직물들을 직조하는 것이다. 과거에는 사제와 수도원에 봉헌하는 직물은 모두 여성들이 가정에서 직접 손으로 직조하고 천연 염색한 것들이었다.

승려가 정식으로 사원에 들어간 이후에도 이와 같이 직물과 기타 용품들이 일반 여성들에 의해 생산되어 봉헌되지만 승려가 정식으로 사제로 봉헌되기 이전과 봉헌되는 의식에 사용되는 승려의 가사는 매우 중요한 의미를 지니고 이것은 생산자인 여성들과 밀접한 관련을 갖는다. 일반적으로 동남아시아 다른 지역에서는 의례적인 중요성은 직접 재배한 섬유 재료, 기술과 재료의 복잡함과 고급, 색상의 화려함, 천연염색이라고 하는 요소들과 밀접한 연관성이 있다. 반면 태국 승려의 가사는 태국 사회에서 존경, 권위, 의례적인 힘을 상징하는 것이지만 불교가 탄생하는 시기 만들어진 규율에는 승려들은 자신들이 가질 수 있는 8가지의 소유물 중 1개가 가사이며 이것도 일반인들이 버린 옷이나 조각으로 기운 옷을 입어야 한다고 했던 규정하였다(H. Leedom Lefferts,

JR 2007 : 160-171).

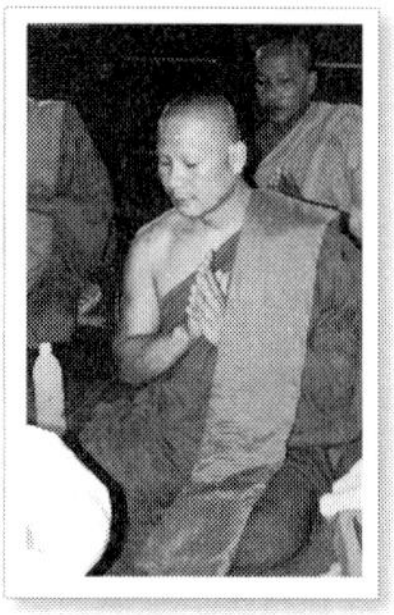

사진 1 태국 농촌 마을의 승려 봉헌식과 가사 봉헌 의례

이에 따라 불교 승려들의 가사는 노란색의 가사로 사롱, 어깨 걸이 그리고 외부의 긴 가사로 구성되고 전체 몸을 감을 수 있을 만큼 길다. 가사에 적절한 색상은 어두운 노랑-갈색으로 이 색상은 경전에 규정된 색이다. 이외에 어떤 문양도 없고 복잡한 직조 기술도 필요로 하지 않는 태국의 의례적 직물 중에서 가장 단순한 형태라는 역설적 측면이 있다. 그러나 승려 가사는 의례적 중요성 때문에 이것은 전통적으로 여성들이 직접 재배한 섬유와 손으로 직접 직조하고 천연염색을 해야만 했다. 특히 사제를 위한 직조 직물들은 여성의 중요한 임무로서 만일 남성이 사제로서 봉헌되면 그의 엄마 여동생과 친척 여성들은 사제의 가사, 사원에서 사용하는 용품들을 직접 직조하였다. 자신의 아들이 사제가 되는 것과 그 아들을 위해 직접 가사를 만드는 것은 가장 중요한 덕을 만드는 행위가 되고 가족에게 영광을 가져오게 하는 최고의 행위이기 때문이다.

승려의 어머니와 여성 친척들에 의해 만들어진 가사와 다른 직물 용품들이 바로 사용될 수 있는 것이 아니라 10월과 11월 사이에 열리는 봉헌의례(Bun Buat)를 통해야만 한다. 태국 절기에서 우기에 해당되는 7월 중순부터 10월 중순의 3개월 가량은 사제 봉헌의례가 이루어지지 않는데 실질적인 봉헌 의례가 있기에 앞서 정식으로 승려로서 인정되지 않은 승려들이 사원에 머무르면서 입을 의복이 두 번 바쳐지게 된다. 첫 번째가 7월 중순부터 10월, 우기의 시작을 알리는 시기의 의례(Khaw Phansa)인데, 이 기간 동안 마을 사람들이 수도승이 입을 흰색의 면으로 된 가사를 주는 것이다. 이것들은 기본적으로 염색되지 않고 손으로 방적된 면으로 직조된 평직물이어야 하지만 오늘날에는 공장에서 기계로 직조된 의복이 사용된다.

우기가 끝이 나면 두 번째 가사를 증정하는 의례(Org Phansa)가 열리는데 전통적으로 수도승에게 마을 사람들이 공동으로 준비한 선물인 면 가사가 전해진다. 존경받는 수도승에게는 견으로 된 가사가, 그리고 직조자는 누에고치에서 가장 좋은 누에고치 실을 골라 직조를 한다. 그리고 10월과 11월 사이에 봉헌 의례를 통해 이 수도승은 사원에 승려로서 정식으로 인정이 되고 이 의례를 상징하는 2개의 매개물 중 하나인 가사는 전통적으로 승려의 어머니가 직접 직조해서 만들어 봉헌하는 것이 중요하였다.

사제의 가사와 보시 그릇이 수여되는 이 의례는 상좌부 불교의 심장인 사제와 평신도 사이에 일어나는 복합적인 의례적 교환을 말하는 것이다. 의복의 선물은 덕을 쌓는 행위를 그리고 봉헌한 사람의 삶을 더 발전시킨다는 상징적인 의미를 지닌다. 또한 원피스의 선물은 평신도의 일상 삶에 부처의 가르침이 환생한다는 믿음도 강화시킨다.

Ⅳ. 전통과 현대의 경계에서: 태국 전통 의례용 직물의 현대적 변용

태국 불교가 제시하는 삶의 방식과 그 안에서 살아가는 사람들의 삶의 방식은 밀접한 상관관계가 있으면서도 그것을 실천하는 방식은 시간과 공간에 따라 다양한 형태로 드러난다. 이 글 본문에서는 태국의 상좌부 불교의 종교원리가 여성들의 삶에 영향을 주는 하나의 방식으로서 전통적인 직물의 생산과 사용과의 상관관계에 관해 몇 가지의 사례들을 통해 간략히 살펴보았다. 따이인들의 전통적인 의복은 점진적으로 상업적인 직물로 대체되어 왔고 이것이 지녔던 상징적인 가치들의 대부분 역시 이와 같은 대체 과정을 통해서 그 의미가 사라져 왔다. 고립된 지역에 살고 있는 따이인들은 현재에도 지속적으로 샤머니즘을 행하고 있고 지속적으로 불교와 상호 공존하고 있고 이들 지역에서는 전통적인 방식의 직물 생산이 지속되고 있다. 또한 이들의 직물의 문양과 형태는 여전히 상징적인 의미와 집단의 정체성을 확인시키는 중요한 역할을 하고 있다. 그러나 이와 같은 고립된 지역들을 제외하고는 오늘날 태국 농촌지역에서는 소녀들이 어릴 때부터 직조를 배우고 결혼 이후로도 전통 직조가 과거와 같이 가정과 사회에서 여성들의 사회적 역할과 정체성을 규정하는 삶의 필수적인 요소가 되지 않고 있다. 오늘날 태국 농촌의 여성들은 도시로 이주하거나 학교에서 공부를 하고 공장에서 생산된 파신 치마에 서구식의 셔츠를 입는다. 특히 여성들보다 더 많은 일상의 노동을 수행해야 하는 남성들의 경우에는 상의와 하의 모두 서구식의 바지와 셔츠를 착용하고 있다. 또한 전통적으로는 승려의 어머니와 여성 친척들에 의해 직접 면을 경작하고 대마를 기르고 누에고치를 길러서 정성스럽게 직조되었던 가사와 기타 직물류들은 오늘날 대부분 공장에서 가공된 면과 화학염료로 염색되어 승려들의 의류 용품 일체가 상점에서 판매되고 있다. 카오판싸라고 하는 우기 기간 동안 사원에 머무르는 사제들을 위해 과거 마을에서 여성들이 공동으로 손으로 방적하고 직조하여 봉헌하였던 흰색 면 가사도, 또한 이전에는 의례적인 중요성으로 인해 승려들을 위해 비밀로 내려오는 특별한 문양들만이 직조된 경우가 거의 사라지고 현재에는 대부분 공장에서 대량 생산된 면직물로 만들어지고 있다. 종교적인 축제 행렬이나 불교 사원 내, 외부에 걸리는 가리개(banner)도 현재 천 위에 페인트칠을 하고 한때 장례식에 사용되었던 의례용 치마는 현재 현대적인 패션 소품으로 사용되고 있다.

이와 같이 여전히 태국 불교 의례에서 직물류들이 사용되고 있지만 덕의 실천과 여성의 의무로서 규정된 전통적인 방식의 직물 생산은 빠르게 사라지고 있고 대신 그 자리에 공장에서 만들어진 직물들로 대체되고 있다. 그 주요한 원인으로서는 먼저 태국 상좌부 불교의 변화를 들 수 있다. 1960년대 태국이 도시화되면서 태국 불교가 급격하게 변화하는 사람들의 삶의 변화에 대해 적절한 해결책을 제시해 주지 못하는 상황이 전개되었다. 전통적인 불교 교단과 대중들 안에서 보수적인 불교의 변화가 요구되었고(김홍구 2006 : 164-165), 이에 따라 보다 대중화된 불교 형식의 변화가 뒤따랐다. 다음으로 더 중요한 이유는 급격한 도시화로 인한 농촌 사회와 여성 노동력 성격의 변화의 문제이다. 태국은 1960년대 국가적으로 제 1차 산업화정책이 추진된 이래로 여성들은 전통시대와는 다른 방식의 사회적 역할이 요구되었다. 국가차원에서 외국 자본 유입에 따라 값싼 저임금의 여성 노동력을 통한 산업 육성이 필요하게 되면서 여성들도 남성과 마찬가지로 공적 영역의 경제활동에 참여하게 되었다(황규희 2000 : 237-238). 1990년대 후반부터 태국이 섬유, 식품 가공업, 자동차 등 제조업 중심의 수출 산업을 육성시키면서 이를 위해 값싼 노동력 확보가 더욱 중요하게 된 것이었다. 태국 농촌 여성의 대부분이 수출품 제조업체에서 저임금의 노동자로 일을 하게 되었고 무엇보다도 농촌 지역 여성들이 도시로 이주하게 되면서 교육 기회가 크게 증가하게 되었다. 도시로 이주한 이들 여성들은 전통적인 농촌 사회에서와는 다른 사회적 책임과 의무를 가지게 되었다. 또한 태국이 제조업 중심의 근대화를 추진한 것 이외에도 국가적으로 관광산업을 활성화하면서 농촌 지역의 여성들이 도시로 이주하여 관광업에 종사(조흥국 2007 : 142-163)하게 되었다. 이것은 전통적인 농촌 사회에서의 여성들에게 부여되었던 가정과 사회적 역할의 변화, 특히 상좌부 불교의 덕의 교리를 실천하는 여성의 가정과 사회에서의 역할에 큰 변화를 야기한 사회적 배경이 되었다. 즉, 농촌 사회가 산업화되면서 가정 내에서 의료를 생산하고 아이를 양육하며 농사를 짓는 것과 같은 태국 사회 안에서 상좌부 불교가 제시하는 전통적인 여성의 덕의 실천방식이 다른 양상으로 변화되어 오고 있다는 점을 전통 직물의 생산과 사용, 그리고 그것의 변화과정을 통해서 파악해 볼 수 있는 것이다. 태국인들의 신앙 체계와 관련된 직물과 문양들은 현대 사회에서도 여전히 중요한 역할을 하고 있지만 재료, 직물 형태, 문양 등의 생산과 사용의 방식은 지속적으로 자신들의 현재 상황과 사회적 요구에 맞추어 변화를 거듭하고 있다.

참고 문헌

김영애. 1999. “태국인의 종교와 종교의식.”『역사문화연구』, 10 : 93-132.

_____. 2001.『태국사』, 서울 : 한국외국어대학교 출판부.

김홍구. 2006.『한권으로 이해하는 Thailand』. 부산 : 부산외국어대학교 출판부.

박장식. 1998. “동남아시아 언어의 다양성과 그 구조 - 계통, 문자, 다언어사회 -.”『아시아지역연구』, 1 : 18-46.

이동옥. 2001. “태국의 여성 승직 배제와 가족관계.”『민주주의와 인권』, 13(2) : 441-482.

조흥국. 2007.『태국 불교와 국왕의 나라』. 서울 : 소나무.

황규희. 2000. “IMF 관리체제하에서 태국여성의 지위.”『한국태국학회논총』, 8 : 237-257.

H . Leedom Lefferts, JR. 1992. “Contexts and Meanings in Tai Textiles.” *Textiles and the Tai Experience in Southeast Asia* : The Textile Museum Washington, D.C. 59-61.

_____. 2007. “Monks' Robes in Rural Northeast Thailand Relic and Memory.” *The Secrets of Southeast Asian Textiles-Myth, Status and the Supernatural*: The James H. W. Thompson Foundation. 160-171.

Linda S. McIntosh. 2005. *Ritual Tai Textiles* : The James H. W. Thompson Foundation. 60.

Mattiebelle Gittinger. 1992. "An Examination of Tai Textile Forms." *Textiles and the Tai Experience in Southeast Asia* : TheTextile Museum Washington, D.C. 29–57.

Patricia Cheesman. 2009. *Lao-Tai Textiles* : The Textiles of Xam Nuea and Muang Phuan. Studio Naenna Co., Ltd. 25–43.

Susan Conway. 1992. Thai Textiles : British Museum Press. 23–102.

4.

초국경적 이동을 통한 문화교류 과정의 역동성: 발리 우붓의 이방인들

정정훈

4 초국경적 이동을 통한 문화교류 과정의 역동성: 발리 우붓의 이방인들*

정정훈

Ⅰ. 들어가는 말

> 우리나라는 은퇴 후 외국에서 거주하면 매년 2,000달러 정도의 생활비가 나와, 은퇴 후 덴마크보다 따뜻하고 기후가 좋은 나라에서 살기 위해 여러 나라를 가봤어. 그러다가 우붓에서 트레킹도 하고, 오토바이도 타면서 여기가 마음에 든 거야. 그 이후 덴마크 들어갔다가 다시 우붓으로 왔지. 지난달에 말레이시아 가서 1년 거주비자를 받아서 일단 1년은 우붓에서 살 수 있을 것 같아.
>
> _얀센(Janssen, 덴마크인), 남성, 60대, 2013. 9. 13

관광객의 유형을 분류한 코헨(Cohen 1972)은 관광객이 현지

* 본고는 필자의 박사학위논문(정정훈 2017a) 일부를 수정·보완한 내용을 담고 있다. 본 연구에 등장하는 제보자 이름은 가명이며, 제보자와의 인터뷰는 인도네시아어와 영어로 진행했다.

사회와 얼마나 밀접하게 접촉하느냐에 따라 제도화된 관광객과 비제도화된 관광객으로 분류하였다. 대중관광의 시대를 대표하는 관광객의 유형이 제도화된 관광객이라면, 이와 반대로 비제도화된 관광객은 어떤 특정 형태의 관광을 추구하는 것이 아닌 자유로운 형태의 탐험가적인 관광을 추구한다.

서두에서 제시한 얀센(Janssen)은 은퇴 후 자신의 모국과는 전혀 다른 따뜻한 열대기후 지역 위주로 여행을 다녔고, 자연환경, 생활환경, 경제적인 요인 등을 고려하여 인도네시아 발리섬으로 이주를 결심하였다. 얀센의 발리 이주는 기존의 전통적인 이민과는 다른 형태를 보인다. 그는 인도네시아 국적을 취득할 생각도 이곳에서 평생 거주할 생각도 없다. 얀센은 단지 그에게 합법적인 거주가 허용된 1년의 시간 동안 발리에 거주할 예정이고, 1년 뒤 비자 연장과 생활 여건이 허락하면 이곳에 계속 머무를 생각이다.

대량수송의 장점을 지닌 제트기 관광은 1960년대 이후 대중관광으로 명명되면서 가장 보편적인 여행의 한 유형으로 분류되었다. 제트기를 활용한 관광은 시·공간을 뛰어넘어 매우 안전하게 관광목적지로 이동을 가능케 한다. 이를 다른 측면에서 바라보면 관광객은 과거와 달리 빠른 시간에 자신의 집으로 되돌아 갈 수 있음을 의미한다. 결국 대중관광의 시대가 과거의 관광유형과 다른 지점은 관광이 단기간 정형화된 방식으로 이루어진다는 것이다.

대중관광을 실천하는 집단을 대중관광객이라고 지칭한다면, 1960년대 이후부터 현재까지 가장 보편적인 여행을 하는 대중관광객은 일종의 제도화된 관광객으로 분류할 수 있다. 얀센은 발리에서 어떠한 경제활동을 하지 않기에 관광객으로 분류되지만, 그가 추구하는 관광의 형태가 장기간 이루어지고 어떤 제도화된 형식을 띠지 않는다는 점은 주목된다.

흥미로운 지점은 장기간 이루어지는 관광의 유형이 발리 관광의 역사에서 전혀 새로운 형태의 관광실천 방식이 아니라는 점이다. 20세기 초반 발리에 처음 관광객이 방문한 이후, 이 섬은 '낙원'의 이미지를 지속적으로 관광객에게 부여하면서 세계적인 관광지로 인식되었다. 특히 아름다운 해변, 웅장한 화산, 신비로운 논의 풍경, 발리-힌두 종교에서 비롯된 전통 의례 등은 중요한 관광 대상물이자 낙원의 이미지를 표상하는 수단이다.

발리인의 종교와 믿음에서 비롯된 다양한 장식과 예술 작품들이 우붓 지역을 중심으로 발전해 나갔다. 발리 고대 왕궁은 과거부터 종교적 믿음을 실천하기 위해 예술 발전을 조력하였고, 이들의 후원으로 조각, 그림, 금속공예 등이 발전하였다. 예술 후원과 관련하여 적극적인 역할을 한 우붓 왕족은 서구 문명의 수용과 발리 문화의 접목에 있어서 주목된다. 우붓 왕족은 서구의 예술인과 학자들이 이 지역에 거주하는 데 여러 가지 편의를 제공하였다. 특히 서구 예술인과 주민과의 만남을 적극적으로 추진하였고, 이는 주민이 예술을 바라보는 새로운 시각과 이를 상업적으로 활용할 수 있는 가능성을 제고하였다.

현재도 발리 관광은 이국적인 여행을 체험하는 대중관광지이자, 다른 한편으로는 전통문화를 토대로 다양한 문화적 요소를 경험할 수 있는 문화관광지로 인식된다. 특히 우붓 지역을 중심으로 께짝(kecak)과 상향(sanghyang) 등의 공연예술을 체험할 수 있다. 이러한 공연예술이 구체적인 관광 상품으로 활용된 것은 20세기 초반 서구인과 현지주민과의 상호교류 과정이 중요한 토대가 되었다.

우붓에 대한 관광객의 이러한 인식은 결국 장기간 거주하는 관광객의 급증으로 이어진다. 대략 1990년대 가까이는 2000년대 전후로 우붓 지역에 장기간 거주하는 관광객이 급증하였고, 이들을 호칭하는 '우붓디안(ubudian)'이라는 개념이 생성되었다. 우붓디안은 우붓에 장기간 거주하는 외국인이라는 의미로 통용된다. 이들은 어디에 구속되지 않고 자유로운 삶을 추구하거나 자연주의 관련 삶을 추구하는 사람으로 개념화 된다. 하지만 우붓디안의 개념과 어떤 집단을 상정하는지는 명확하게 논의되지는 않는다.

이 글은 우붓에 장기간 거주하는 외국인(이하 거주외국인)[1]의 삶의 형태가 이 지역에 의미하는 바가 무엇인지를 질문한다. 역사적으로 학사와 예술인이 이 지역에 어떠한 영향을 주었는지에 대한 논의, 2000년대 전후 거주외국인의 삶의 방식과 현지 문화의 수용 방식에 대해 살펴볼 것이다. 표면적으로 이들 집단은 현지인을 대

1 본고는 우붓에 장기간 거주하는 외국인과 일반 관광객과의 구별지점인 "거주"의 개념을 활용하여 '거주외국인'으로 호명한다.

상으로 영리를 추구하지 않는 등 여전히 관광객의 범주로 분류되지만, 그들이 여가를 누리는 등 소비활동만을 추구하는 집단으로 한정할 수는 없다. 결국 거주외국인에 대한 논의는 전통적인 관광의 성격 규정이 가진 한계점을 재검토할 수 있고, 관광에 의해 현지의 문화변동에 대한 사례로 제시된다.

Ⅱ. '문화예술마을' 우붓과 거주외국인[2]

전통 발리 예술은 발리인의 종교와 믿음에서 비롯된 장식과 묘사를 동반한다. 따라서 예술인의 필요에 따라 행위가 실천되기보다는 종교에 근거한 예술행위가 우선된다. 발리 고대 왕궁은 과거부터 종교적 믿음을 실천하기 위해 예술 발전의 후원자 역할을 하였다. 왕궁을 장식하거나 종교 의례를 진행하기 위해 왕궁에는 조각가, 화가, 음악가, 댄서, 금속 공예가, 직공 등이 필요했다(Mann 2013: 45).

우붓 지역에서 서구 문명의 수용과 발리 문화의 접목은 서구 교육을 받았던 일부 왕족들의 노력의 산물이다. 특히 서구 예술인의 우붓 지역 거주는 현지주민에게 예술을 바라보는 새로운 시각과 이를 상업적으로 활용할 수 있는 가능성을 고취시켰다. 우붓

2 본고의 2장, 3장, 4장은 정정훈(2017b)에 실린 글을 수정·보완한 것이다.

지역에 처음 정착한 예술인은 독일 출생의 러시아인이었던 월터 스파이스(Walter Spies)였다. 스파이스는 당시 바타비아, 수라바야 등지에서 다양한 예술활동을 하였고, 족자카르타에서 우붓 왕족인 라까 수까와띠(Tjokorda Gde Raka Sukawati)와의 만남을 계기로 1927년 우붓으로 이주했다. 스파이스는 우붓 왕궁의 직·간접적인 후원으로 발리 관련 영화[3]와 책 등을 서구세계에 소개했다.

당시 스파이스와 더불어 발리에 머물렀던 다른 한명의 예술가는 보넷(Rudolf Bonnet)이다. 스파이스가 그가 가진 재능을 활용하여 발리 문화를 배우거나 해석하였다면, 보넷은 발리 문화를 인정하고 관광객이 발리 문화를 좀 더 매력적이고 관심 있는 대상으로 만드는 역할을 하였다(Mann 2013). 보넷은 1929년 땀팍시링(Tampaksiring) 지역에 머물다가 얼마 지나지 않아 우붓 인근 지역인 플리아딴 왕국으로 초대되었다. 이후 우붓 지역을 중심으로 예술 작품 활동을 하였다.

앞서 전술한 바와 같이 스파이스는 우붓의 문화적 전통을 서구 세계에 소개했다면, 보넷은 우붓 지역을 중심으로 문화 예술 상품이 생산되고 유통되는 체계를 만들었다. 보넷은 그의 예술적 능력을 활용하였고, 현지 예술가에게 그림과 조각에 대한 교육과 영어 교육을 함께 진행하였다. 발리 화가들 역시 발리를 주제로 서

---

3 스파이스는 'Goona–Goona, An Authentic Melodrama', 'Island of Demons'과 같은 발리 전통에 기반한 영화를 제작하였다.

양 그림물감과 고유의 염료를 혼합하거나 원근법 등을 적극적으로 받아들여 새로운 발리 양식을 창조했다(가종수 2010: 324).

이러한 일련의 과정은 우붓 지역 자체적으로 예술 작품을 생산하는 지역으로 변화하는 계기가 되었다. 더하여 우붓 지역이 상업 중심지였던 역사적 사실은, 우붓을 중심으로 관광객과 예술가들이 만날 수 있는 공간이 있음을 의미한다. 예를 들어 과거부터 힌두 사제들이 살았던 바뚜안(Batuan) 지역은 사원 장식 등을 이유로 수준 높은 예술가들이 거주하면서 작품 활동이 이루어졌다. 플리아탄 지역, 테베사야(Tebesaya), 펭오세깐(Pengosekan) 그리고 마스(Mas) 지역 역시 화가, 목공예, 금속 공예가들이 거주한 지역이다. 우붓 지역이 '문화예술마을'로 변모하기 전까지 가장 큰 문제점은 상대적으로 인적이 드문 곳에 위치한 예술가의 작품을 판매하는 데 어려움을 겪은 것이다(Mann 2013: 63).

스파이스와 보넷의 활동은 1930년대 우붓 지역을 중심으로 예술가 협회의 일종인 '피따 마하 협회(pita maha association)' 설립의 시발점이 되었고, 협회의 활동은 우붓 지역이 발리 예술 중심 지역으로 거듭나는 데 주도적 역할을 한다. 예술가들의 활동과 더불어 인류학자를 포함한 일련의 학자들과 소설가 등의 활동 역시 주목된다. 마가렛 미드(Margaret Mead)와 그레고리 베이트슨(Gregory Bateson)은 우붓 지역에 거주하면서 발리 사람들의 문화에 관한 민족지(Bateson & Mead 1942, Bateson 1949)를 발표하였고, 음악가였던 콜린 맥필(Colin McPhee)은 음악과 책(McPhee 1947) 등을 서구 세계에 소개하였다.

소위 '황금시대'라 불렸던 이 시기는 그러나 2차 세계대전이 발발하면서 끝나게 된다. 2차 세계대전 발발 과정에서 독일은 네덜란드를 침공하고, 네덜란드는 본국의 문제로 인하여 식민지 운영에 어려움을 겪는다. 더불어 태평양 전쟁을 일으켰던 일본은 1942년 발리 사누르 지역을 침공하였다. 이후 덴파사르와 싱아라자에 군사령부를 설치하고 군정(軍政)을 시작하였다. 전쟁의 영향으로 발리 지역 관광이 어렵게 되었고, 우붓 지역 예술가들 역시 문화예술 관련 기념품 제작을 중단하였다(Mann 2013).

양차 세계대전, 네덜란드로부터 재독립 과정, 그리고 인도네시아 공화국 수립 과정에서 우붓 지역은 과거 명성을 되찾기 위해 다양한 노력을 한다. 과거와 같이 예술인을 우붓에 초대하고 이들을 통해 과거 영광을 재현하려고 하였다. 수까와띠 가문은 보넷을 다시 발리로 초대하였고, 그와 함께 1956년 푸리 루끼산 미술관(Puri Lukisan Museum of Art)을 개관하였다. 루끼산 미술관은 대중에게 개방되는 첫 미술관으로 현재까지도 우붓 지역이 예술인 마을의 상징성을 획득하는 데 중요한 위치를 점한다. 이후에도 우붓 왕족들은 아리에 스미트(Arie Smit)와 안토니오 블랑코(Antonio Blanco)와 같은 서구 예술가에게 우붓 지역에 머물 수 있는 공간을 제공하는 방식으로 예술가들을 후원하였다.

앞서의 논의처럼 보넷과 같은 서구의 예술가들이 이 지역에 영향을 주기 전부터 우붓 인근 마을에는 그림[4]이나 목공예 등 힌두 의례에 필요한 의례품을 생산하는 시스템이 구축되어 있었다. 하지만 이를 하나의 예술작품으로 여기지 않았고, 생산자들 역시 자신을 직업적 예술가로 인식하지 않았다. 이런 상황에서 서구 예술가들이 그들의 작품을 활용하여 관광객을 위한 기념품 등을 제작하였고, 이는 현지주민에게 직업예술가의 삶을 동경하는 계기가 되었다.

더하여 서구 예술가들 역시 현지주민에게 전통적인 방식에 기초하여 관광객의 호기심을 자극할 만한 예술 작품을 제작하는 방법 등을 전수하였다. 1970년대 들어 예술작품의 생산과 유통에 참여한 발리 현지인의 수가 급격하게 늘어났고, 이들의 주도로 작품을 전시하고 판매하는 미술관과 소규모 상점들이 우붓 곳곳에 문을 열었다.

발리 꾸따 지역에 새롭게 건설된 발리공항은 발리 관광산업에 새로운 전기가 되었다. 더불어 1966년 사누르(Sanur) 지역에 세워진 발리 비치 호텔(Bali Beach Hotel)은 우붓 지역과의 인접성 때문에 우붓 관광 발전에 많은 영향을 미쳤다. 항구와 달리 공항이 운영됨으로써 대규모 관광객이 발리 지역에 도착할 수 있게 되었고, 이는 발리 지역이 세계적인 관광지로 발돋움 할 수 있는 계기가 되

4 서구인들의 영향을 받기 전 발리의 전통 회화는 클루쿵 지역에서 기원한 까마산 기법(kamasan style)이 있었다.

었다. 이러한 관광의 변화 양상은 우붓 지역 관광을 하루에 다녀올 수 있는(day-trips) 관광지로 만들었다.

관광객의 증가는 이 지역에 대한 숙박과 식당 등의 수요를 창출하였고, 우붓 왕궁과 시장 인근에 식당과 숙소가 생겨나기 시작하였다. 주민은 발리 전통 집 구조에서 도로에 인접한 부분을 식당이나 기념품 가게로 개조하였고, 집 안쪽에 위치한 남은 방을 손님이 이용하게 하였다. 이러한 형태의 숙소는 현재 호텔이나 게스트하우스 등에 밀려 많이 사라졌지만, 식당시설이 없고, 화장실이나 샤워장을 공유하여 저렴하게 제공하는 로스맨(losmen)으로 그 명맥을 유지한다.

우붓 지역에 관광객이 방문하고, 예술 작품을 활용한 다양한 문화상품이 재창조됨으로써 우붓 관광은 발리 관광에 있어 독특한 위치를 점하게 된다. 꾸따나 누사두아가 위치한 발리 남부 지역이 바다와 해변을 활용한 관광지라면, 우붓은 발리 전통 회화와 목공예 상품 등 전통 종교 의례와 관련한 관광을 실천하는 지역으로 인식되었다. 더욱이 1970년대까지만 하더라도 우붓 방문자는 예술가, 전통문화와 예술에 관심 있는 관광객이 대부분이었다. 결국 우붓이 1970년대를 기점으로 발리에서 '문화관광'을 향유할 수 있고, 거주외국인이 있는 지역으로 확고한 정체성을 가지게 하였다.

Ⅲ. 우붓 지역에서 거주외국인의 삶

서두에서 제시한 것과 같이 우붓의 거주외국인은 비제도화된 관광객으로 분류할 수 있다. 우붓 곳곳에 위치한 식당이나 커피숍 등지에서 가장 쉽게 발견할 수 있는 것은 지도와 여행 정보를 함께 제공하는 팸플릿이다. '우붓 맵(Ubud Map)', '우붓 커뮤니티(Ubud Community)', '우붓 라이프(Ubud Life)', '아피마거진(アピマガジン)' 등이 곳곳에 비치되어 있고, 이들 대부분이 무가지로 발행되어 관광객이 손쉽게 획득할 수 있다. 대형식당, 요가학원, 호텔 등의 후원으로 제작된 팸플릿에 소개된 내용의 대부분은 비제도화된 관광객을 대상으로 하는 경우가 많다.

일례로 영어로 제작된 '우붓 맵(Ubud Map)'의 앞면에는 발리 지도가 뒷면에는 우붓 중심가의 지도가 그려져 있다. 발리 전도가 그려진 앞면에는 27개의 광고가 실려 있고, 뒷면에는 25개의 광고가 실려 있다. 광고 중 일부 식당이나 마사지샵을 제외하면 대부분은 우붓의 거주외국인이 관심 있게 볼 법한 업종이 소개되어 있다.

예를 들어 우붓에 거주하는 요가인을 위한 학원(yoga barn, intuitive flow), 관련 축제(bali spirit festival), 그리고 요가와 비슷한 맥락에서 이해되는 자연주의 관련된 시장(organic farmer's market)이나 식당(juice ja cafe)에 대한 광고가 있다. 거주외국인을 위한 부동산 관련(ubud property) 업종 역시 소개된다. 지면의 대부분을 차지하는 식당, 카페, 마사지샵 역시 단기 관광객보다는 거주외국인을 대상으로 하는 상업 시설이 소개된다.

이상과 같이 우붓의 거주외국인은 이 지역 관광산업의 주요한 대상이다. 이들을 위한 다양한 시설(인터넷 카페, 중장기 숙박업소, 오토바이 대여 업소 그리고 비자 갱신 등)이 존재하고, 이들을 대상으로 쿠폰 발행, 금액 적립, 장기거주 비자 소지자(KITAS)[5]에 대한 할인 혜택 등 단기 관광객에게는 불필요한 서비스를 제공한다. 결국 우붓 관광의 주요 관광객은 거주외국인으로 상정할 수 있고, 관광 관련 각종 시설과 서비스가 이들을 대상한다는 점은 주목된다.

거주외국인이 우붓 지역에 급격하게 늘어난 것은 대략 2000년대 전후로 상정된다. 이는 우붓 지역이 '예술인 마을'로 표상되고, 우붓 지역이 꾸따로 대표되는 남쪽 휴양지보다 상대적으로 기온이 낮고 복잡하지 않은 교통과 분위기 때문으로 이해된다. 더불어 2002년과 2005년의 발리 폭탄 테러는 남쪽의 거주외국인이 우붓 지역으로 이주하게 된 또 다른 계기를 제공하였다.

우붓의 거주외국인을 유형별로 분류하면 대체적으로 네 가지로 분류된다. 첫 번째 유형은 요가와 자연주의를 실천하기 위한 요가인이 존재한다. 우붓 인근에는 외국인이 중심이 되어 운영하는

---

5 끼따스(KITAS: Kartu Izin Tinggal Terbatas)라 명명된 이 허가증은 단기체류비자를 소지한 사람에게 발급되는 단기체류허가증(신분증)이다. 매년 연장신청이 필요하고, 최대 5회까지 갱신이 가능하다.

요가학원이 총 3개가 있다.[6] 그 외 개인이 운영하거나 요가 이외 필라테스 등 비슷한 범주로 이해되는 관련 학원이 다수 존재한다. 요가인은 짧게는 일주일, 길게는 일 년씩 우붓 인근에 머물면서 요가 강습을 받는다. 매년 두세 차례 진행되는 요가 '티쳐스 트레이닝' 등의 프로그램은 전 세계에서 약 100여 명의 요가인이 참여하고, 이들은 우붓에 두세 달씩 거주한다.

두 번째 유형은 우붓의 쾌적한 환경, 신선한 음식 그리고 따뜻한 날씨를 즐기기 위해 중장기로 머무르는 은퇴 이민자들이다. 발리 전 지역에 약 만 명의 호주 출신 은퇴 이민자가 있고, 이 중 약 10%가 우붓 지역에 머무른다. 은퇴 이민자들 중 일부는 아이와 함께 이주한 경우도 있는데, 우붓 지역에 위치한 국제학교인 그린 스쿨(green school)과 쁠랑이 스쿨(pelangi school) 등에서 국제적으로 표준화된 교육을 받는다.

은퇴 이민자는 발리 생활 초기에는 대체적으로 지리적인 낯섬으로 우붓 중심부에 머물지만, 생활에 안정을 찾고 지역에 대한 이해가 증가하면서 우붓 인근 마을로 이사한다. 상대적으로 단기 관광객이 많은 우붓 중심부보다 인근 마을의 자연환경이 뛰어나고 비슷한 가격대에 좀 더 훌륭한 시설의 빌라를 임대할 수 있기 때문이다.

세 번째 유형은 발리 남성과 결혼한 일본 여성들이다. 일본인

6 현지조사를 진행했던 2014년 기준이다. 우붓 지역의 요가 관련 사업은 지속적인 성장을 하여, 2018년 추가 조사 기간 필자가 확인한 요가 학원은 개인 스튜디오를 제외하고 총 5개였다.

여성은 아이문제와 경제문제 등의 이유로 국적을 포기하지 않고 이 지역에 거주한다. 더욱이 이들은 우붓 지역에서 커뮤니티를 구성하여 그들이 가진 언어적 능력과 문화적 친근함을 내세워 일본과 관련된 관광산업에 종사한다. 이런 측면에서 이들 여성을 귀화한 발리인으로 인식하는 것보다 일종의 경계인인 거주외국인으로 분류한다.

1990년대 진행한 연구(Yamashita 2003: 94)에 의하면 발리 전역에서 발리 남성과 결혼한 여성은 200여 명이고 비공식적으로 400여 명에 이른다. 필자가 연구를 진행한 2014년 일본 여성들과의 인터뷰에 의하면 우붓 지역에만 200여 명 정도가 거주하고 있음을 확인할 수 있었다. 1990년대에 진행된 연구의 대상이 되었던 일본 여성이 대체적으로 1960년대에 태어난 여성이었다면, 필자의 인터뷰 대상은 1970년대와 1980년대에 태어난 여성이 대다수를 차지하였다. 이런 측면에서 발리인과 결혼한 일본 여성이 점점 더 줄어드는 추세임을 확인할 수 있다.

네 번째 유형은 최근 3~4년 사이에 급격하게 늘어난 디지털 노마드(digital nomad)족이다. 이들은 일견 첫 번째와 두 번째 유형인 서구 출신 거주외국인의 범주로 분류할 수 있지만, 우붓에 머무는 공간과 연유는 기존의 거주외국인과 차이를 보인다. 이들이 장기간 거주하는 이유는 기존의 일터와 달리 우붓의 자연친화적인 환경이 그들의 작업에 창의성을 부여한다는 믿음 때문이다(〈사진 1〉 참조).

디지털 노마드족을 직종으로 분류하면 컴퓨터 프로그래머, 디자이너, 마케터 등이 있고, 연령은 대체적으로 20대부터 30대 초반까지이다. 우붓 이외의 발리의 다른 지역에도 최근 비슷한 공간이 생겨나고 있지만, 우붓 지역은 여전히 규모가 크고 오랜 역사를 가진다. 이는 우붓이 기존의 거주외국인에게 보여준 명성과 환경이 디지털 노마드족이 삶을 영위하는 데 필요한 부분을 채워 준다고 여기기 때문이다. 결국 우붓은 디지털 노마드족이 코-워킹(co-working) 할 수 있는 공간으로 변모하고 있고, 기존의 거주외국인과 함께 이 지역에 새로운 역동성을 부여하고 있다.

사진 1 디지털 노마드족의 코-워킹 공간

이상의 네 가지 유형으로 분류된 거주외국인은 국가 단위로 혹은 같은 언어권별로 커뮤니티를 구성함으로써 우붓에 거주한다. 커뮤니티는 대체적으로 같은 언어를 사용하는, 즉 영어와 일본어 사용자 중심으로 구성된다. 커뮤니티 구성의 일차적 동기는 언어이지만, 커뮤니티 활성화는 자연주의 관련 상품 판매를 통한 관심의 유도이다. 이는 거주외국인이 평소에 관심을 보인 지점인 도시와는 다른 삶을 추구하는 과정에서 자연주의에 대한 가치를 찾는 것이 우붓에 거주하는 주요한 이유이기 때문이다.

서구인이 중심이 되어 만든 우붓 오가닉 파머스 마켓(Ubud Organic Farmer's Market: 이하 우붓 오가닉 마켓)은 2006년 12월 우붓의 남쪽에 위치한 펭오세깐 거리(Jl. Pengosekan)에 있는 이탈리아 식당에서 시작되었다. 우붓 오가닉 마켓은 2016년 총 16곳의 식당이나 농장이 판매자로 등록되어 있다. 필자가 현지조사를 진행했던 2014년에 총 13곳의 판매자가 등록되었고, 매년 한두 곳의 새로운 판매자가 등록을 한다.

우붓 오가닉 마켓은 자연주의 식품을 생산하고 소비하는 생산자와 소비자를 연결하는 데 설립 목적을 둔다. 구체적으로 총 세 가지 이념에서 마켓을 운영하는데 첫째는 지역 커뮤니티를 돕기 위해 운영한다. 둘째는 유기농 농산물 생산자의 경제적 독립을 돕기 위함이나. 셋째는 소규모 사업자와 소비자를 연결하기 위해 운영된다. 판매되는 상품은 농약 등 화학제품을 사용하지 않는 유기농 식품 위주로 판매되는데, 과일, 채소, 코코아, 빵, 잼, 발리 커피, 쌀, 밀가루 등이 판매된다. 기타 유기농 제품인 천연 약품이나 천연 모기 기피제 등이 판매된다.

우붓 오가닉 마켓이 열리는 매주 토요일 아침의 풍경은 소규모 시장의 모습이다(〈사진 2〉 참조). 이곳을 이용하는 사람들은 주로 우붓 인근에 거주하는 외국인으로, 이들은 오토바이 등을 이용하여 시장을 방문한다. 서구인들이 주요 소비자이고, 아주 소수의 일본인과 한국인이 때때로 이곳을 방문한다. 발리 현지주민은 물건을 판매하는 상인만 존재하고, 물건을 구매하기 위해 방문하는 현지주민은 거의 없다. 시장이 열리는 장소가 우붓의 유명한 이탈리아 음식점이기에 일부 관광객이 이곳을 우연히 지나가면서 구경을 하고 잼 등을 구매한다. 시장이 열리는 시간은 공식적으로 오전 9시부터 오후 2시까지이지만 대략 정오를 전후로 시장은 끝난다.

주지한 바와 같이 우붓 오가닉 마켓의 설립은 유기농 제품 생산자와 소비자를 연결하는 데 목적이 있다. 판매자는 우붓 시내에서 자연주의를 표방하는 식당이나 카페에서 물건을 내오거나 우붓 인근의 유기농 농장을 운영하는 농부들로 구성되어 있다. 소비자들 역시 이곳의 방문 목적을 정보의 획득, 친목 도모 등에서 찾지만, 궁극적으로는 저렴하고 믿을 수 있는 유기농 제품을 구매하는 데 목적을 둔다. 따라서 거주외국인은 상품을 구매하는 과정에서 정보 교환과 친목 등을 도모하지만, 시장을 기반으로 또 다른 모임 등을 구성하거나 특별한 활동을 하지는 않는다. 도리어 우붓의 거주외국인의 성향에서 알 수 있듯이, 복잡하고 번잡한 관계를 맺지 않고 최소한의 관계만을 유지하는 경향이 이곳에서 발견된다.

사진 2 우붓 오가닉 마켓

거주외국인의 공동체 모임으로써 다양한 활동이 있고 상호간의 다양한 인간관계가 이루어지는 곳은 일본인 중심의 오가닉 마켓(이하, 일본인 시장)이다. 매주 일요일 뉴꾸닝 거리(Jl. Nyuh Kuning)에 위치한 식당에서 운영되는 일본인 시장은 한 일본인 부부에 의해 설립되었다. 일본인 부부가 운영 중인 식당 한 켠에 대나무로 지어진 약 10여 평의 이층 건물에서 일본인 시장은 운영된다(〈사진 3〉 참조).

사진 2 일본인 시장

앞서 논의한 우붓 오가닉 마켓이 유기농 상품을 판매하는 사업적 성격이 강한 커뮤니티였다면, 일본인 시장은 우붓에 거주하는 일본인들이 그들의 커뮤니티 구축을 위한 수단으로 이를 활용한 측면이 있다. 즉 커뮤니티 구성을 위해 사람들의 흥미를 유발하고 끌어 모을 수 있는 방안을 찾는 과정에서 유기농 시장이 아이디어로 떠오른 것이다. 일본인 시장은 2009년도에 시작되었고, 운영 초기에는 일본인들이 중심이 되었다. 이후 타 국적의 거주외국인이 이곳을 방문하기 시작했다. 일본인 시장의 운영자인 아이리(Airi)는 일본인 시장의 시작과 운영 과정을 이렇게 설명한다.

> 처음 시장을 시작한 것은 사람들을 끌어 모으기 위함이었어요. 일본인 여성들이 우붓 지역에 많이 거주하는데 이들 상호간에 모임

이 거의 없었어요. 일부 친한 사람들끼리 아는 정도. 일본인의 성격인 것 같기도 한데 우붓이라는 별로 크지 않은 공간에 살면서도 친한 친구의 집에 방문을 꺼리는 경향을 보이기도 하죠. 당시 제가 새로운 가게를 시작한 시점이었고, 가게 뒤편에 카페 등을 활용하자는 생각이 떠올랐죠. 시장을 처음 시작 할 때 지금도 그렇지만 매주 일요일 새벽에 남편인 키무라(kimura)가 여기서 한 시간 넘게 걸리는 브두굴(bedugul)에 가서 유기농 채소와 과일을 사왔죠. 명색이 시장이고 특히 유기농 시장을 표방하니까 관련 제품이 필요해서요. 그래도 올해까지 3년 하니까. 인근에 거주하는 일본인들이 빵, 두부, 두유 등을 직접 집에서 만들어서 가져오기도 하고. 한국인들도 김치를 만들어서 판매하기도 하고요. 매주 수요일과 금요일에는 1세부터 3세의 어린이들이 놀 수 있는 놀이방도 운영해요. 일본 어린이집에서 근무한 경력이 있는 선생님이 일본어로 노래와 춤 등을 가르치는 곳이죠. 소정의 비용만 지불하면 누구나 참여 가능한데 대부분 발리인과 결혼한 일본인 여성들의 아이들이예요.

_아이리(Airi, 일본 출신 거주외국인). 여성. 40대. 2012. 10. 3.

시장을 매개로 시작된 일본인 커뮤니티는 현재 다양한 활동을 펼치고 있다. 특히 2014년을 전후로 소규모 식당이 제법 큰 규모의 자연주의 식당과 다양한 유기농 제품 판매처로 확대되면서 그 위상은 더욱 높아졌다. 일본인 시장의 성공에는 인터뷰 대상자였던 아이리와 남편인 키무라 개인의 역량과 노력의 결과로 이해된다. 더불어 현지조사를 진행했던 2014년의 경우 매주 수요일과 금요일날 운영되는 어린이 놀이방, 비정규적으로 열리는 언어 강좌,

요가 강의 등 실용적 측면이 있는 강의가 사람들의 관심을 증가시켰다.

하지만 우붓의 거주외국인으로 살면서 겪게 되는 문화적 차이에 따른 현실적 어려움을 이곳에서 해결하는 등 이방인으로 새로운 문화에 적응하는 수단으로 활용된 측면 역시 엿보인다. 발리인으로 인정받기 어려운 현실에서, 같은 언어를 사용하는 사람과의 교류와 외국인이라는 같은 사회적 지위에 대한 동질감 형성이 커뮤니티 성공의 주요한 이유이다.

Ⅳ. 발리 전통문화의 재인식과 주민의 대응

대중관광 시대 우붓 지역은 발리 남부지역과 달리 대중적인 관광지로 발전하지 못하였다. 여전히 소수의 관광객이 이 지역을 찾았고, 어쩌면 이러한 현실은 이 지역이 관광객에게 문화예술마을로 표상을 획득하는 데 있어 중요하게 작용하였다. 하지만 관광 형태가 변화하는 1990년대 이후 우붓 지역을 비롯한 인근 마을은 기존의 한계가 긍정적인 지점으로 변화하는 계기가 발생한다. 주목되는 것은 주민과 거주외국인의 '전통' 찾기 움직임은 이런 변화의 시발점이자, 거주외국인이 현지 사회에 좀 더 역동적인 변화를 불러오는 매개체로 작용한다.

1990년대 우붓은 소수의 관광객이 이 지역을 방문하고, 주민은 이들에게 숙박, 음식, 다양한 문화자원 등을 제공하였다. 관광 관련 시설인 호텔, 레스토랑, 상점들이 증가하였고, 시설을 이용하는 관광객의 자금이 우붓 지역으로 유입되면서 이 지역에 새로운 중산층이 형성되었다(Macrae 1999: 138). 2000년대 전후 우붓 지역에 중국과 한국을 비롯한 동아시아에서 대규모 관광객이 방문하고, 수박, 유기농 식품, 요가 등으로 대표되는 생태관광객의 방문이 증가하면서 새로운 전기를 맞이한다.

당시 발리 전통 건축 양식을 따른 식당과 호텔 등이 관광객에게 각광을 받게 되었고, 전통문화 상품을 판매하는 상점 등이 상업시설로 자리를 잡아가게 된다. 특히 자연 친화적인 풍경을 제공하는 계단식 논 등 수박 관련 풍경이 주목 받으면서, 대중관광 시대 우붓 중심지에서 이루어지던 관광의 범위가 주변 지역까지 확장되었다.

관광 형태의 변화 과정에서 주목되는 점은 관광객의 발리 전통문화에 대한 인식 변화이다. 현지주민의 생활양식인 거주지, 수박 풍경, 현지 음식, 종교 의례 등에 대한 관광객의 인식이 '불편함', '구식', '무관심', '위험한' 그리고 '신기한 광경'이라는 인식에서 '자연 친화적', '안전한', '보존해야 할 대상' 그리고 '함께 경험해야 할 문화적 양식'으로 인식 변화를 초래했다.

우붓 지역을 중심으로 이러한 변화의 단상들은 이전 시대 '전통 찾기'와는 다른 양상을 보인다. 과거에는 발리 전통문화를 발굴하고 이를 서구인의 시선으로 재창조하는 과정을 보였다면, 2000년대 전후로 발리 전통문화 자체를 존중하고 주민 스스로 이를 실용적으로 변모시킨다는 점이다. 관광객의 인식 변화 양상을 좀 더 구체적인 사례를 통해서 제시한다.

첫 번째 인식 변화의 단초는 발리인의 거주공간인 전통 가옥과 그 주변을 둘러싸고 있는 수박의 풍경에 대한 새로운 인식이다. 천장이 높고 필요한 부분만 벽으로 마감 처리 되어 있는 발리 전통 양식의 가옥 구조와 논의 풍경은 특히 서구 관광객에게 매력 있는 풍경으로 비춰진다. 발리 지역에서 고급 식당, 빌라 그리고 호텔 등은 대부분 논 풍경 소위 '라이스 필드 뷰(rice field view)'를 배경으로 건설된다.

과거 찌짝(cicak)이나 토껙(tokek)와 같은 파충류가 출몰하거나 모기나 파리의 서식지였던 발리 전통 가옥이나 논 주위의 주택은 건강한 삶을 유지하기 위한 자연 친화적인 공간으로 인정받게 되었다. 논을 배경으로 음식이 차려진 식탁은 고급 음식점의 상징처럼 여겨지고, 대부분의 고급 빌라들은 논을 볼 수 있는 위치에 건설된다. 대중관광 시대 농업을 통해 생계를 유지하기 힘들어서 논을 무분별하게 개간했던 현실과 비교하면 정반대의 상황이 도래하게 되었다.

두 번째 인식 변화는 우붓 지역 거주외국인의 특징과 결부시켜 이해할 수 있다. 우붓 지역은 과거부터 현재까지 발리 관광의 시대적 조류에서 새롭고 대안적인 비전을 제시했던 지역이다. 발리 폭탄 테러 이후 급격하게 감소했던 관광객의 수는 2004년을 전후 2002년 이전의 방문객 수로 돌아왔고, 우붓은 새로운 유형의 관광이 시작되었다. 특히 발리 스피릿 페스티벌과 같이 "영적인" 관광을 추구하는 관광객이 급격하게 늘어났다.

영적 관광과 관련된 관광산업은 현재 우붓 관광의 가장 큰 영역을 차지한다. 수십 개의 스파와 요가센터 그리고 채식과 같은 가공되지 않은 음식 등을 판매하는 식당들이 우붓 곳곳에 생겨났고, 이를 이용하는 관광 집단이 양상되었다. 전술한 발리 스피릿 페스티벌에는 6,000여 명이 넘는 관광객이 방문하고, 참가자들은 페스티벌을 전후로 몇 주나 몇 달씩 우붓 지역에 머물렀다(Macrae 2014).

우붓의 거주외국인 역시 요가를 하고 유기농 음식을 먹는 등 영적 관광과 관련된 것을 추구한다. 이들 집단에게 과거 아지노모토나 미원 등으로 대표되던 '위험하고', '건강하지 않은' 인도네시아 음식은 현재 유기농 재료를 사용하고 채식 위주로 구성된 '안전한', '건강한' 발리 음식으로 인식된다.

세 번째 인식 변화 역시 급격하게 늘고 있는 거주외국인과 관련된다. 호주를 비롯한 서구의 은퇴 이민자에 대한 특별 비자 프로그램이 1999년에 시행된 이후, 많은 수의 외국인의 발리 거주가 수

월해졌다. 이들 이민자에게 온화한 날씨, 저렴한 생활비용, 외국인 커뮤니티 등은 발리에 거주하는 직접적인 요인이 된다.

현지주민의 일상생활이자 종교적 행위인 힌두 의례는 발리 관광의 초기부터 관광객에게 호기심의 대상이다. 단기 관광객이 우연히 접한 마을 의례 등은 그들에게 '신기한' 종교 의례의 풍경이다. 때에 따라서 가이드를 통해 간단한 설명을 듣지만, 의례 진행과정, 의미 등을 이해하기에는 여러 한계가 있다. 하지만 거주외국인에게 마을 의례는 단기 관광객이 인식하는 지점과 달리 해석된다. 우붓 지역에서 사업을 하는 한국인 박정진 씨는 종교 의례를 다음과 같이 이해한다.

> 우붓에서 발리인을 고용하여 사업을 하고 있으니 그들의 문화를 이해하려고 노력하고 있어요. 종교 의례 중 가장 흥미로운 것은 내가 운영하는 가게에 직원들이 차낭과 차루를 집에서 매일 준비하거나 지나다니는 차낭 파는 아주머니에게 구매해서 가게에 가져다 놓아요. 나야 힌두교를 믿지 않고 내 가게니까 굳이 안 해도 되는데 계속 가져다 놓는 거예요. 이유를 물어 보니 발리인은 자신이 일하는 곳 역시 신의 보살핌과 악귀의 피해를 막아야 한다는 믿음이 있기에 차낭과 차루를 바치는 일을 매일 하는 거래요. 내 사업 더 번창하라는 의미이니 내 입장에서 그런 마음이 고맙죠. 요즈음 가게 운영비로 차낭하고 차루 준비하라고 한 달에 이십만 루피아(IDR. 200.000)씩 주고 있어요.
>
> _박정진(현지 한국인 사업가), 37세. 2014. 03.25.

위의 언설처럼 거주외국인이 이 지역에 오랫동안 머물면서 실천하는 사회적 행위는 결국 현지주민의 삶을 이해하고 동화되는 과정의 일환이다. 한국인 박정진의 사례처럼 거주외국인은 발리 지역에 머물면서 현지주민의 문화를 이해하고 때로는 함께 실천하는 과정을 겪는다. 예를 들어 거주외국인은 현지주민과 함께 마을 사원 의례에 참가하고, 녜삐(Nyepi)와 같은 전통 의례날 하루 동안 집안에서 불도 켜지 않고 바깥 출입을 하지 않는 번거로움을 감수한다. 결국 발리 사회에서 거주외국인의 증가는 여행객에게 단지 '신기하고', '낯선' 광경이었던 이들의 문화적 행위가 '함께 경험하고 느껴봐야 할 문화'로 변모하게 한다.

흥미로운 지점은 거주외국인의 발리 전통문화에 대한 재인식이 도리어 현지주민이 그들의 전통문화를 새롭게 이해하는 계기가 된다. 물론 20세기 초반과 1960년대 문화관광의 활성화 시기를 겪으면서 발리인은 그들의 문화적 전통이 관광상품으로서 가치가 있음을 확인하였다. 즉 거주외국인의 발리 전통문화에 대한 재인식이 어떤 측면에서 거주외국인의 이전 세대들이 이미 경험한 바 있는 역사적 과정으로 이해되기도 한다.

그럼에도 21세기 전후 거주외국인에게 발리 전통문화에 대한 인식은 조금은 다른 측면이 있다. 이들에게 발리 전통의례는 대규모의 '이벤트성' 의례가 아닌 일상의례의 실천 과정의 결과이다. 우붓 인근에 위치하고 2000년대 전후로 관광마을로 확고한 위치를 점한 뉴꾸닝 마을(Banjar Nyuh-Kuning)의 주민인 사리(Sari)네 가족의 사례를 제시한다.

발리-힌두 종교에서 사원은 의례가 진행되는 성스러운 장소이다. 사원과 관련된 의례 중 오달란(odalan) 의례는 사원 창립을 기념하는 날이다. 210일을 1년으로 계산하는 발리 우쿠력(wuku)를 기준으로 의례 날짜는 정해지는데, 마을 사원과 같이 전 주민이 대상이 되는 오달란 의례는 대체적으로 3일간 진행된다. 이와 반대로 가족 사원의 오달란 의례는 다른 주민에게 특별히 알리지 않고, 대부분 가족끼리 하루 동안 모든 의식이 진행된다.

이런 측면에서 2013년 사리네 가족 사원 오달란 의례는 주목된다. 이 해에 사리 가족의 오달란 의례는 11월 27일부터 28일까지 양일간 진행되었다. 규모도 이전과 달리 100여 명의 주민이 의례에 참가하였고, 마을 주민을 위한 음식이 제공되고 6개 공연이 시연되었다. 사리 가족이 예년과 달리 큰 규모의 오달란 의례를 진행하는 것은 무엇보다 사리가 시작한 빌라 임대사업과 관련된다. 빌라를 건설하기 위해 사리는 가족 소유의 땅을 활용하고 마을금고에서 대출까지 받았다. 사업의 성패는 사리 내외, 부모님 그리고 형제들의 삶까지도 영향을 미친다. 결국 가족 사원 오달란 의례가 성대하게 진행된 이유는 새롭게 시작한 사업, 즉 가족 전체에게 영향을 미치는 일에 대해 조상신에게 알리고 나쁜 기운을 정화시키는 의미이다.

더불어 사리가 새로운 빌라를 건설하는 과정에서 도움을 받았던 주민에게 음식물과 공연을 제공하는 행위는 '일반적 호혜성(Sahlins 1974)'의 측면에서 이해된다. 이는 언제 되돌려 받을지 모르는(무한정의 시간), 무엇을 되돌려 받을지 모르는(質), 얼마나 되돌려 받을지 모르는(兩) 상태에서 재화와 서비스 등을 주민에게 주는 행위를 통해, 주민 집단으로 '신뢰'와 '사회적 평판'을 얻기 위한 과정의 일환이다.

하지만 사리 가족이 오달란 의례 과정에서 주민 집단으로부터 '신뢰'와 '사회적 행위'를 얻으려는 행위를 관광발달 과정에서 이해한다면 다른 분석 역시 가능하다. 빌라 임대의 원활함은 사리네 가족이 경제적 이득 취득에 매우 중요한 요소이다. 부동산 중개업을 활용한 임대과정 시스템이 완벽하지 않은 우붓의 현실에서 임대는 상당부분 주민 집단의 관여와 거주외국인 사이에 공유하는 평판에 따라 성패가 결정된다. 따라서 '신뢰'와 '사회적 평판'의 유지가 일반적 호혜성에서 나타나는 먼 미래의 등가성이 아닌, 즉각적이고 등가의 교환이 이루어지는 '균형적 호혜성(Sahlins 1974)'의 일종으로 보인다.

사리 가족 사원 오달란 의례에서 거주외국인을 위한 '신뢰'와 '사회적 평판'을 얻기 위한 방법 중 하나로 주목되는 지점은 일종의 마을 지킴이인 뻐짤랑(pecalang)의 거주외국인에 대한 친절한 태도이다. 마을에서 오달란 의례를 비롯하여 다양한 전통의례가 수시로 진행되고, 뻐짤랑은 의례에 관심을 보이는 외국인에게 의례 내용을 설명하거나 참여를 제안한다. 의례 당일에 거주외국인에 대한 배려는 더욱 돋보이는데, 뻐짤랑은 다른 마을 주민에게 가혹하리만큼 의례에 방해되는 행위에 제재를 가한다. 예를 들어 오달란 의례 진행시 행진하는 여성들의 진로를 방해하거나, 뻐짤랑의 수신호를 어기는 오토바이와 차량 운전자에게 싸움이 일어날 만큼 물리적인 제재를 가한다.

하지만 관광객이나 거주외국인이 사원 의례에 참여할 때는 여러 배려를 한다. 사원에서 의례 진행시 백여 대의 오토바이와 수십 대의 차량이 사원 인근에 주차된다. 뻐짤랑은 주민이 타고 온 오토바이를 차례대로 주차할 수 있게 유도한다. 만약 이 과정에서 외국인이 주차를 원하면 주민과는 달리 좀 더 편안한 사원 가까이에 주차를 할 수 있게 유도한다. 때로는 사원 출입에 있어 필수인 사롱을 빌려 주고, 의례 진행시 주민에게 나눠준 도시락 등의 음식물을 제공한다.

마을 주민과 뻐짤랑이 사원 의례에 참가한 외국인에게 보인 호의적인 태도는 외국인을 손님으로 대접하는 주민의 개인적 동기도 있지만, 무엇보다 관광객에게 마을과 사리네 가족의 이미지를 진작시키려는 의도가 엿보인다. 결국 의례의 지속적 실천과 이 과정에서 보이는 친절한 태도 등은 거주외국인과 주민의 일상적 접촉으로 확장된다. 이 과정에서 거주외국인은 사리네 가족과 뉴꾸닝 마을을 '안전하고', '믿을 수 있는' 사람이자 마을로 인식하게 된다.

우리 마을이 잘살게 되었지만, 그래도 여전히 우붓 시내에 위치한 마을보다는 경제적으로 한참 부족해. 마을 땅값이 많이 올라서 외국인들도 놀랄 정도이지만, 주변 마을과 비교해서 그렇지 시내에 위치한 마을과는 비교도 할 수 없어. 플리아딴 마을(Banjar Peliatan)이나 우붓 끌로드 마을(Banjar Ubud Kelod) 등은 의례 진행할 때 예산도 충분해서 저녁 공연 때 전문 댄서를 불러오기도 해. 우리 마을이야 지난번 오달란 공연 때 딱 한 명 불러왔고, 나머지는 주민 등이 직접 시연하지.

_수디까(Sudika, 븐데사). 남성. 50대. 2013. 12. 23.

마을의 대표인 븐데사(bendesa)의 언설처럼 뉴꾸닝 마을 의례가 일반 관광객의 호기심을 자극할 만한 요소가 없다는 점은 마을 사람들 모두가 공유한 인식이다. 더욱이 일부 주민, 특히 관광 산업과 관련 없는 주민 집단은 마을에서 벌어지는 종교 의례에 외국인의 참여를 도리어 불편하게 생각한다. 이들은 외국인이 사원에 입장할 때 기본적인 규칙 등을 지키지 않는다고 여긴다. 예를 들어 사원 방문시 최소한 사롱을 착용하고, 생리중인 여성은 사원 출입을 금하는 등 일련의 규칙이 있지만, 외국인들은 이런 규칙을 지키지 않는다는 것이다.

그럼에도 여전히 대다수 주민은 의례에 외국인의 참여가 마을 발전에 일정하게 도움이 된다는 믿음이 있다. 관광객이나 거주 외국인은 마을에서 의례 등이 지속적으로 실천되고, 이를 경험하는 과정에서 주민 집단과 좀 더 밀접한 관계를 가진다. 즉 우붓 시내에 진행된 왕국 장례식이 비록 화려한 볼거리를 제공하지만 관광객은 여전히 관람객의 입장에서 벗어나지 못한다. 하지만 뉴꾸닝 마을 의례에서 거주외국인은 좀 더 근접한 거리에서 직접적으로 의례에 참가한다. 이러한 과정은 관광객에게 관광경험에서 비롯된 존재론적 인식을 가능케 한다. 즉 개인이 관광과정에서 환상적 세계를 경험하는 등 자신의 진정한 자아를 발견하는 실존적 고유성(Wang 1999)을 획득하는 과정으로 이해된다.

V. 결론: 문화예술인 마을에서 장기 거주외국인의 마을로

20세기 초반 싱아라자에서 시작된 발리 관광의 역사에서 우붓은 남쪽 지역으로 내려가는 중요한 길목에 있었다. 당시 개척되었던 관광용 도로가 현재까지도 우붓 입출입에 있어 주요 도로로 활용되고 있다. 네덜란드 식민지 당국과 협력적인 관계를 맺었던 우붓 왕족은 이러한 지리적 이점과 자산을 활용, 서구예술인을 후원하였다. 더불어 네덜란드 식민지 당국의 정치적 이해관계에 발리의 문화적 전통은 활용되고 이러한 과정에서 우붓 관광산업은 부흥을 맞이하였다.

'우붓은 문화입니다(Berkmoes 2015: 137)'라는 이 지역에 관한 여행 안내서의 소개와 같이, 현재 우붓은 회화, 목공예, 조각, 금속공예, 음악 등 발리 전통문화를 향유할 수 있는 대표적인 지역으로 관광객에게 인식된다. 우붓 지역에 관광객이 모이고 예술작품을 활용한 다양한 문화상품이 개발됨으로써 우붓 지역 관광은 발리 관광에 있어 독특한 위치를 점한다. 발리 남부 지역과 달리 '문화예술인마을'이라는 표상은 결국 1970년대를 기점으로 발리에서 '문화관광'을 향유할 수 있는 지역으로 확고한 정체성을 가지게 된다(Mann 2013: 101–102).

1990년대부터 현재까지 주목되는 관광 형태는 생태–문화관광의 실천(정정훈 2018)과 요가와 명상 수행자들의 장기 거주관광이다. 우붓 인근의 반자르, 수박, 계획, 화산지대까지 다양한 자연환경과 발리 힌두문화 관련 사원 등은 생태–문화관광의 대상물로 활용된다. 발리–힌두 문화와 사상적 흐름을 공유하는 요가와 명상은 우붓 지역에 거주외국인이 늘어나는 주요한 요인이 된다. 요가, 명상프로그램, 유기농 식품이라는 표상은 과거 '문화예술인마을' 우붓이라는 관념을 뛰어넘는 이 지역 이미지를 관광객이 새롭게 인식하는 기표가 되었다.

이 과정에서 가장 두드러진 집단은 본고의 주요한 연구 대상인 거주외국인이다. 단기 관광객과는 다른 여행의 형태를 지닌 이들 집단은 발리 사회 문화 변동의 주요한 요인으로 볼 수 있다. 우붓 지역 관광 발전 과정에서 중산층 집단의 생성과 일부 주민의 신화적 성공 사례는 이 지역 주민에게 경제적 성장에 대한 기대를 불러일으켰다. 하지만 대규모 이벤트성 의례를 펼치지 않는 한 단기

관광객의 호기심을 유발하기에는 현실적인 어려움이 있다.

이런 상황에서 거주외국인이라는 새로운 관광객 집단 출현, 즉 '제도화 되지 않은' 관광객은 기존의 관광대상물에게 부여한 고유성을 다른 의미로 이해한다. 이들 집단에게 기존의 전통의 관념에서 비롯된 고유성 여부는 여행 실천에 있어 상대적으로 중요한 개념이 아니다. 고유성을 가진 어떤 특정의 관광대상물이 이들에게 우붓 지역 방문의 동기는 되지만, 이들이 장기간 거주하는 것은 또 다른 측면에서 논의되어야 한다.

이런 과정에서 현지주민의 전통문화에 기인한 생활방식을 바라보는 거주외국인의 시선은 주목된다. 이들에게 기존의 '불편함', '구식', '위험한', '신기한 광경'이라는 전통 생활양식은 '자연 친화적', '안전한', '보존대상', '함께 경험해야 할 문화적 양식'으로 인식변화를 초래한다. 결국 발리 전통문화에 대한 재인식은 같은 공간에서 거주하는 주민 집단에게 다양한 사회·문화적 실천 과정을 직·간접적으로 요구한다. 특히 관광객에게 '신뢰'와 '사회적 평판'을 유지하기 위한 의례의 지속적인 실천과 친절한 태도가 동반된다.

결국 본고에서 제시된 우붓의 거주외국인은 전통적인 관광의 성격 규정이 가진 한계점을 재검토할 수 있는 사례이다. 관광의 주요한 논의 중 하나인 '고유성'에 관한 논의의 재검토이다. 그동안 관광에서 경험은 누가 더욱 '고유성'을 가진 "그것"을 많이 경험하느냐의 문제로 귀결된다. 하지만 우붓의 거주외국인의 사례는 호스트와 게스트 상호 간의 누구의 일방적인 문화적 종속이 아닌 문화적 교류의 역동성을 보여준다. 특히 관광경험 과정에서 전통에 대한 새로운 인식, 즉 존재론적 인식과정에 따른 실존적 고유성(Wang 1999)의 획득과정으로 이해된다.

끝으로 필자가 현지 조사 과정에서 경험한 일화를 소개함으로써 본고를 마무리하고자 한다. 수년 동안 우붓과 인근 지역에 머물렀던 필자에게 인류학자의 소명과 같은 현지어 구사능력은 항상 필자를 좌절시켰다. 인도네시아어(bahasa indonesia)와 발리어(bahasa bali)의 완벽한 구사를 통한 현지주민과의 친밀한 관계 형성이 논문의 성공으로 귀결된다는 믿음 때문이었다.

필자가 우붓 중심부에서 일상생활을 영위해 나가는 다양한 활동, 예를 들어 슈퍼에서 물건 구입, 집을 임대하는 과정, 오토바이를 타다가 경찰에서 불심검문을 당하는 등의 상황에서 현지어 구사 능력은 상황을 원활하게 하는 데 큰 영향을 주지는 않았다. 필자 개인의 경험에 따른 느낌이지만 앞서 사례로 제시한 상황에서 인도네시아어를 사용하는 필자보다 영어를 사용하는 다른 외국인이 더 나은 상황을 맞이한 적도 여러 번 목격되었다.

본고에서 논의한 우붓의 이방인, 즉 거주외국인은 관광의 실천에서 독특한 위치를 점한다. 이들은 현지의 문화를 존중하고 이해하지만 여전히 그들만의 커뮤니티를 구성함으로써 현지주민과 차별화된 삶을 살고 있다. 필자가 알고 있는 거의 대부분의 거주외국인은 우붓에서 수년을 살았지만 여전히 인도네시아어를 잘 못하고 배울 의지도 없었다. 영어가 모국어가 아닌 거주외국인 역시 기존에 알던 영어를 최대한 사용하려고 노력하지만 인도네시아어를 새롭게 배우려고 하지는 않았다.

이런 현실에서 기존의 발리 주민들 역시 으레 거주외국인은 인도네시아어를 구사하지 못한다고 여겼다. 따라서 거주외국인과 주민 사이에 보이지 않는 경계가 보이고, 전술하였던 외국인 커뮤니티 활동에 주민이 활발하게 참여하지는 않았다. 즉 하나의 공간에 거주하지만 서로 다른 커뮤니티를 구성하는 방식으로 삶을 이어오고 있는 것이다. 주민은 거주외국인을 통해 경제적 이득을 취할 수 있기에, 그들이 사용하는 영어와 이를 구사하는 개인에게 좀 더 친밀하게 대한다. 하지만 필자와 같이 인도네시아어를 사용하는 외국인은 신기하고 또 다른 측면에서 친밀하게 여기지만 관광객으로 간주하지는 않는다. 따라서 앞서 필자가 제시한 느낌과 생각이 아주 현실과 동떨어진 상황은 아니다.

그럼에도 본고에서 필자의 주된 논의처럼 거주외국인의 현지문화에 대한 새로운 인식 과정이 시간이 지나 점점 더 고도화 된다면 다른 상황을 맞이할 수 있을 것이다. 과거 문화예술에 국한된 상호교류 과정과 달리 현지주민의 일상생활에 대한 다른 인식의 지점은 두 집단이 향후 좀 더 공존하는 상황도 연출할 수 있을 거라는 기대감을 가지게 한다.

참고 문헌

가종수. 2010.『신들의 섬 발리; 지상 최후의 낙원을 찾아서』. 서울: 북코리아.

정정훈. 2017a. "발리 우붓 지역 관광발달과 전통의 재구성: 뉴꾸닝 주민의 문화적 실천을 중심으로." 전북대학교 박사학위논문.

______. 2017b. "'실존적 고유성'과 관광매력물의 재인식: 발리 지역 거주 관광객의 문화적 실천."『동남아시아연구』27(3): 49–91.

______. 2018. "생태–문화관광의 현황과 재고찰: 인도네시아 발리 지역의 수박(subak) 사례."「문화정책논총」32(1): 167–193.

Bateson, Gregory. 1949. "The Value System of A Steady State." Meyer Fortes, (ed.), *In Social Structure: Essays Presented to A. R. Radcliffe Brown*. Oxford: Clarendon Press. 35–53.

Bateson, Gregory and Margaret Mead. 1942. "Balinese Character: A Photographic Analysis." *Special Publications of the New York Academy of Sciences*. 2: 17–92.

Berkmoes, Ryan V. 2015. *Bali & Lombok*. Hong Kong: Lonely Planet Publications Pty Ltd.

Cohen, Eric. 1972. "Toward a Sociology of International Tourism." *Social Research* 39(1): 164–189.

Macrae, Graeme. 1999. "Acting Global Thinking Local in a

Balinese Tourist Town." *Staying Local in the Global Village.* Rubinstein(ed). Honolulu: University of Hawai'i Press.

______, 2014. "Budaya Tembok: The New Ubud?." *Ubud Now And Then.* http://ubudnowandthen.com/budaya-tembok-the-new-ubud/(검색일: 2016. 03.22)

Mann, Richard. 2013. *The Making of Ubud: Bali's Art, Culture, and Heritage Village.* Bali: Gateway Books International.

McPhee, Colin. 1947. *A House in Bail.* New York: The Asia Press.

Sahlins, Marshall. 1974. *Stone Age Economics.* Chicago: Transaction Publishers.

Wang, Ning. 1999. "Rethinking Authenticity in Tourism Experience." Annals of Tourism Research 26(2): 349-370.

Yamashita, Shinji. 2003. *Bali and Beyond: Explorations in the Anthropology of Tourism.* New York: Berghahn Books.

5.

싱가포르의 신자유주의 재고찰:
통치성 관점에서 본 "자기 돌봄"의 주체 양성

최인아

5 싱가포르의 신자유주의 재고찰: 통치성 관점에서 본 "자기 돌봄"의 주체 양성

최인아

Ⅰ. 들어가며

'비즈니스 하기 좋은 나라', '아시아의 금융허브', '다국적 기업의 요람' 등의 수식어에서 알 수 있듯이 싱가포르는 신자유주의 경제 정책을 적극적으로 펼쳐 온 국가이다. 세계에서 법인세율(17%)이 가장 낮은 국가 중 하나이며, 법인설립 조건과 절차도 간단해 세계은행의 기업환경평가(Doing Business)에서 항상 최상위권을 기록하고 있다.[1] 일찍이 외환시장을 개방해 자본 이동의 벽을 낮춰 외환 거래도 자유롭다. 싱가포르의 이러한 친비즈니스 환경은 많은 다국적 기업을 유인하는 요소로 작용했으며, 그 결과 싱가포르

1 싱가포르는 2007년부터 2016년까지 기업환경평가(Doing Business) 순위에서 1위를 차지했으며, 2017년과 2018년에는 뉴질랜드에 이어 2위를 기록하였다.

에는 약 8천 개의 다국적 기업의 본부·지역 본부가 상주하고 있다.

싱가포르는 국가주도 성장 전략을 채택했다는 점에서 한국, 대만 등과 함께 발전국가로 분류되지만, 다른 동아시아 발전국가와는 달리 독립 직후부터 자국 기업 육성보다는 다국적 기업 유치에 초점을 맞춘 개방정책을 펼쳐왔다. 주변국에 비해 부존자원이 전무했던 싱가포르로서는 외자유치를 통한 산업화밖에는 대안이 없었기 때문에, 친자본적 환경 제공은 싱가포르 경제 정책의 최우선과제로 꼽혀 왔다. 따라서 싱가포르는 1990년대 불어온 신자유주의 세계화 이전부터 친기업 환경 조성이라는 신자유주의적 요소를 다분히 안고 있었으며, 이는 싱가포르가 다른 발전국가와 달리 신자유주의 세계화 흐름에 탄력적으로 대응하게 된 원동력이 되었다(김시윤 2010).

신자유주의가 일반적으로 '규제 철폐', '민영화', '자본의 세계화' 등 자유 시장(free market) 활성화를 위한 일련의 정책들을 아우르는 경제 정책 기조로 받아들여지면서, 싱가포르의 신자유주의 영향력 분석에 대한 대부분의 연구들은 1997년 아시아 외환위기 이후의 경제 정책 변화(Haque 2004; Robison et al 2005; Rodan 2004; Yeung 2000) 또는 신자유주의 세계화 흐름 속에서의 발전국가 모델의 연속성(Liow 2012; Pereira 2000; 2008; Tan 2012) 측면에서 논의되었다. 그러나 Harvey(2005, 3)가 지적하듯이, 신자유주의는 단순한 경제 정책 기조를 넘어 "우리의 사고방식에 널리 영향을 미쳐, 우리들이 세계를 해석하고 살아가며 이해하는 상식적 방식까지 침투"

한 헤게모니적 담론으로 작용하고 있다. 특히, 신자유주의는 모든 인간 행동을 경제적 영역으로 끌어들임으로써 경쟁, 효율성, 투자 등의 시장 원리에 따라 자기 관리에 능한 '자기 경영적 주체'의 양성을 유도하며, 싱가포르는 이러한 담론이 가장 잘 작동하는 국가 중 하나로 볼 수 있다.

이러한 배경에서 이 글은 싱가포르 정부가 어떻게 국민들을 '스스로를 돌보는' 신자유주의적 주체로 규율화(discipline)시키고 있는지를 살펴보고 싱가포르의 신자유주의 영향력에 대한 분석 범위를 확대하고자 한다. 이 글은 싱가포르가 기존의 발전국가 모델에서 신자유주의 국가 모델로 전환하였다고 주장하고자 하는 것이 아니며, 싱가포르 정부가 반(反) 복지 정책을 펼침에 있어 '자기 돌봄의 주체' 양성이라는 신자유주의적 통치술을 어떻게 활용해 왔는지를 고찰하는 데 그 목적이 있음을 밝혀둔다.

이 글은 미셸 푸코(Michel Foucault)와 그의 연구에 영향을 받은 통치성(governmentality) 학파의 이론에 기반하고 있다. '통치성' 개념이 경제 정책 기조로서가 아닌 정치·사회적 담론으로서의 신자유주의를 이해하는 데 매우 유용한 분석틀을 제공하기 때문이다. 따라서 싱가포르에 대한 본격적인 사례 분석에 들어가기에 앞서 2장에서는 신자유주의적 통치성에 대한 개념을 간단히 소개하고자 한다. 3장에서는 중앙적립기금(Central Provident Fund: CPF)과 국민들을 대상으로 한 직무역량강화 정책 분석을 통해 싱가포르 국민들이 어떻게 정부에 의해 자기 기업가적 마인드를 갖고 자신의 삶을 돌보도록 규율되는지를 살펴본다.

Ⅱ. 신자유주의적 통치 : 자기 돌봄(self-care)의 주체 양성

'통치성(governmentality)' 개념은 프랑스 철학자 미셸 푸코가 1977-78년 콜레주 드 프랑스에서 진행한 〈안전, 영토, 인구〉 강의에서 처음 소개한 개념으로서, 전작 〈감시와 처벌〉에서 분석한 '규율 권력(disciplinary power)', '생체 권력(bio-power)'과 함께 국가가 개인에게 행사하는 권력 기제의 한 부분으로 논의되었다. 〈감시와 처벌〉이 군주 권력의 형태가 형벌을 통한 위협 통치에서 직접적 강제 없이 각 개인을 관리·통제하는 미시적 규율 권력으로 변하는 과정을 다루었다면(Foucault 1995), 〈안전, 영토, 인구〉는 16세기 유럽의 통치 형태 변화 고찰을 통해 거시적 관점에서 국가가 사회 전체의 인구를 어떻게 효율적으로 관리·통제하는지를 논의하였다(Foucault 2009).

푸코는 18세기까지의 '통치(government)'에 대한 문헌 연구를 통해 통치가 정치적 의미를 넘어 철학, 종교, 의학, 교육학 등 여러 분야에 걸쳐 있다고 주장하였다. 즉, 통치는 좁은 의미로서의 국가나 행정부의 통치 외에도 '자기 자신을 통제 하는 것', '가족과 아이들에 대한 지도', '가정을 관리하는 것', '영혼을 관리하는 것' 등을 포함한다(Lemke 2002, 50). 푸코는 통치를 "행동 방식에 대한 통솔(conduct of conduct)"로 정의하는데, 이는 다시 말해 "일부 혹은 전체 사람들의 행동 방식을 형성·지도하거나 그에 영향을 미치는 것을 목적으로 하는 활동의 형태"를 의미한다(Gordon 1991, 2).

특히 푸코는 통치 합리성에 대한 연구에서 정치 영역에서의 통치를 주목하였다. 푸코에 따르면 통치 합리성은 "통치 실천의 속성에 대한 사유방식(누가 통치하는가, 통치란 무엇인가, 무엇이 혹은 누가 통치 받는가)"을 의미하며,[2] 이는 통치하는 자와 통치 받는 자 양쪽 모두가 인식할 수 있고 실천할 수 있는 형태의 활동을 만드는 것을 가능하게 한다(Gordon 1991, 3). 따라서 통치성에 대한 분석은 권력기관이 어떻게 다양한 기술과 지식 형태를 적용하여 국가가 지향하는 방향으로 사람들의 행위 규범을 형성하려 하는지를 밝히는 데 초점을 두고 있다.

푸코는 통치성에 대한 분석을 상이한 역사적 영역에 적용하였는데 첫째, 고대 그리스와 초기 그리스도교에서의 '사목 권력(pastoral power)' 형태의 통치, 둘째, 근대 초기 유럽 국가의 통치 원칙인 '국가 이성(reason of state)'과 '내치 국가(police state)', 셋째, 18세기 통치술의 하나로 여겨지는 자유주의의 등장, 마지막으로 2차 대전 이후의 통치 합리성에 대한 재고(rethinking)의 결과로 나타난

2 푸코는 '통치 합리성(rationality of government)'과 '통치술(art of government)'을 맞바꿔 쓰고 있다.

신자유주의 사상들이다(Gorden 1991, 3). 이 글의 목적이 싱가포르의 신자유주의 내면화 분석에 있는 만큼 본 장에서는 신자유주의적 통치성에 대해서만 논하고자 한다.[3]

케인즈주의적 경제 정책을 바탕으로 국민 안위에 대한 정부의 책임을 강조하였던 서구의 복지국가 모델은 1970년대 후반 들어와 위기를 맞게 된다. 1970년대 두 차례의 석유 파동 이후 미국과 서유럽에서 장기불황과 스테그플레이션이 지속되고 국가 재정 위기가 가중되면서 케인즈주의적 정책이 실효성이 없다는 지적이 제기되었다. 이에 따라 1980년대 미국과 영국을 중심으로 국가 권력의 시장 개입 축소와 '작은 정부'를 주장하는 신자유주의적 사조가 힘을 얻게 되었으며, 신자유주의적 통치가 복지 국가적 통치를 대체하게 되었다.[4]

---

3 '사목 권력'과 '국가 이성' 통치술에 대한 자세한 논의는 Dean(2010, 89-115)을 참조.

4 18세기의 자유주의적 통치는 중상주의 시대의 억압된 통치 방식 대신 개인들의 자율성을 파괴하지 않으면서 각 개인이 원하는 방향으로 시장 참여를 보장하는 방향으로 이루어졌다. 그러나 19세기 후반~20세기 들어와 경제적 영역의 문제들, 특히 열악한 노동환경과 고용의 불안정성은 도시 빈민 생성, 보건 악화, 강성 노동자 양성 등의 극심한 사회적 결과를 초래하였으며, 민주주의와 사회주의의 부상은 '시민권'의 개념을 자유롭게 경제 활동을 영위할 수 있는 권리를 넘어 '일할 권리', 혹은 '개인이 경제적 생존을 할 수 있는 최소한의 조건을 국가가 보장하는 것'으로 확장시켰다(Burchell 1996, 28). 이에 서유럽 국가들은 복지국가 모델 하에 개인의 시민권과 경제생활을 '집단 안보(collective security)'라는 명목 하에 사회화하는 통치술을 사용하였다(Rose 1996, 48). 이때 통치는 '사회라는 통합된 영역'을 지키기 위해 국가가 행하는 행위로 이해되었으며, 복지국가 모델의 통치 목적은 국민을 '요람에서 무덤까지' 책임지는 안보 메커니즘을 구축하는 것이었다(Dean 2010, 176).

신자유주의의 '작은 정부론'은 공적 부문 축소, 재정 긴축, 규제 철폐, 노동 유연화 등의 제도적 변화를 낳았을 뿐만 아니라 개인의 안위 문제를 사회의 연대 책임 대상이 아닌 개인의 사적 영역으로 치환하는 이데올로기적 전환을 가져왔다. 이는 신자유주의적 가치를 적극적으로 지지했던 마가렛 대처(Margaret Thatcher) 전 영국 수상의 논평에 가장 잘 드러나 있다.

> 우리는 지금까지 문제가 생기면 정부가 그것을 해결해 줘야 한다고 이해하는 사람들이 많은 시기를 보내왔습니다. '난 문제가 있으니 보조금을 받게 될 거야.' '난 집이 없으니까 정부가 나에게 거처를 제공해줘야 해.' 그들은 자신들의 문제를 사회에 던지고 있습니다. 하지만 여러분들도 아시다시피 사회라는 것은 없습니다. 남성과 여성의 개개인이 존재하고 개별적인 가정이 있을 뿐입니다. 정부는 국민들 없이는 아무것도 할 수 없고, 그렇기 때문에 국민들은 먼저 스스로를 살펴야 합니다. 우리 자신을 돌보는 것이 우리의 의무이며, 그 이후에 우리 이웃을 돌보는 것입니다(Margaret 1987).[5]

대처의 발언에서 엿볼 수 있듯이 신자유주의 통치의 핵심은 자신의 삶을 스스로 '돌보는' 경제적 주체를 양성하는 데 있으며, 이는 시장 혹은 경쟁 원리의 내면화를 통해 완성된다. 특히 푸코는 시카고학파의 신자유주의 분석을 통해 미국의 신자유주의가 어떻

5 Dean(2010, 177)에서 재인용.

게 자기경영적 신자유주의적 주체를 양성하는지에 주목하였다.

푸코는 신자유주의의 한 분파로 등장한 독일의 질서자유주의(Ordo-liberalism)가 경쟁의 원활한 작동을 위한 시장 환경 조성에 초점을 맞췄다면, 게리 베커(Gary Becker)를 위시한 시카고학파는 자유 시장 체제로의 복귀를 넘어 사회적인 것을 경제적인 것의 한 형태로 재정립했다고 분석했다. 경제 이론의 적용 영역이 사회 전체 영역으로 확장됨으로써 경제학은 이제 전략적 선택을 행하는 모든 목적 추구 행위, 혹은 더 넓게는 모든 합리적 행동, 혹은 현실을 인식하는 모든 행동에 관여하게 되었다(Gordon 1991, 43). 경제학적 분석으로 인간 행위의 전체가 설명됨에 따라 경제와 사회의 구분이 사라지면서 경제적 논리는 사회 전체 영역에 침투하게 되었다. 이러한 맥락에서 서동진(2009, 331)은 신자유주의를 "직접적인 경제적 삶의 세계는 물론 교육, 보건, 복지와 같은 종래 사회적 삶의 세계로 생각되었던 영역을 모두 기업화(enterprising)하는 것이며, 그 안에서 활동하고 살아가는 주체를 기업가적 주체(entrepreneur) 혹은 기업가적 정신(entrepreneurial sprit)에 따라 살아가는 개인, 집단, 조직 사회체로 주체화"하는 것이라고 정의하였나. 18세기 자유주의가 그린 경제적 인간(Homo-economicus)의 정의가 정부의 통제 없이 자유롭게 경제 생활을 영위하는 것을 뜻하였다면, 미국의 신자유주의가 내세운 경제적 인간은 기업가적 정신으로 환경 변화에 능동적으로 대응할 수 있는 "조작 가능한(manipulable)" 인간을 의미하는 것이다(Gordon 1991, 43). 이제 국가는 과거의 직접적인 간섭과 통제 수단에 의존하지 않고 주체화에 필요한 전문지식과 기술을 재편성함으로써 스스로 돌볼 수 있는 '의지'를 가진 개인들을 양성하게 된 것이다(Rose 1996, 40–41).

신자유주의적 통치성과 시민권의 연관성을 연구한 아이와 옹(Aihwa Ong)은 신자유주의적 주체의 양성은 '주체성의 기술(technologies of subjectivity)' 적용을 통해 가능해진다고 설명한다. 주체성의 기술이란 "시민들이 격동하는 시장 환경에서 선택, 효율성, 경쟁력을 최적화시킬 수 있도록 자기 고취(self-animation)와 자기 통치를 유도하는 지식의 배열과 전문가 체계"에 의해 만들어지며, 이러한 최적화 기술들은 "건강 관리(health regime), 기술 습득, 기업가 정신의 개발, 그리고 셀프엔지니어링(self-engineering)과 자본 축적 등의 다른 기술들"을 아우르고 있다(Ong 2006, 6). 이러한 '주체성의 기술'을 통해 시민들은 변화하는 환경에서 경쟁력 있는 주체, 즉 경제적으로 자립 가능하고 자신의 부를 재생산하는 데 적극적인, 기업가 정신으로 자신을 삶을 영위하는 신자유주의적 주체로 성장하게 된다.

경제 활동을 가용 자원의 식별적 활용으로 보는 신자유주의는 노동에 대해서도 새로운 시각을 제시하였다. 신자유주의자들은 인적 자본론을 강조하는데, 여기서 자본이란 노동자가 가진 적성과 능력을 뜻하며 이러한 자본은 소득의 원천이 된다. 다시 말해 신자유주의자들에게 노동은 자신의 인적 자원(타고난 신체·유전적 요소와 양육, 교육 등의 투자로 얻어진 후천적 요소)을 구성하는 기술, 소질,

능력을 활용해 소득을 얻는 것을 의미한다(Gordon 1991, 44). 개인들은 각자 소유한 인적 자본에 걸맞은 임금을 받기 때문에 자신의 인적 자본에 투자하도록 독려되며, 이는 개인이 "자기 자신에 있어서의 기업가(entrepreneur of the self)"가 되는 것을 의미한다(Dilts 2011). 따라서 신자유주의는 각 개인이 끊임없는 투자를 통해 변화하는 환경 혹은 노동 시장에 대응할 수 있도록 자신의 인적 자본을 유지·재구성할 것을 요구한다. 강압적인 규율에 의해서가 아닌 시장 경쟁 규범을 내면화시킴으로써 스스로 자기를 관리하고 경영하는 '경제적 주체'가 되는 것이다. 일례로 종신 고용 철폐, 성과제 도입, 실업급여 축소 등은 노동자들이 더욱더 자기 경영에 집중하도록 하며, 이러한 신자유주의적 통치는 '자기 관리', '경쟁력 강화' 등을 강조하는 자기계발 담론을 통해 우리 삶 곳곳에 작동하고 있다.

신자유주의적 통치는 실업자, 노숙자 등 사회적 약자에 대한 대응책에도 변화를 요구하였다. 신자유주의적 통치 원칙에 따르면, 이들은 더 이상 국가의 도움을 필요로 하는 수동적 존재가 아니라, "자기 책임과 자기 충족 열망이 [복지 국가의] 의존적 문화로 인해 기형적으로 변형되어 온, 자기 계발 노력들이 오랫동안 '학습된 무력함(learned helplessness)'으로 좌절된" 사람들로 묘사된다(Rose 1996, 59). 따라서 이들에게는 보조금 등의 직접 원조가 아니라 자아실현 능력을 가진 적극적 주체로 변모시킬 상담 프로그램이나 훈련 프로그램이 권고된다(Rose 1996, 60). 한편 적극적인 자기 통치를 통해 경쟁 메커니즘에 적응할 수 없는 사람들은 사회의 온

전한 구성원으로 인정받지 못하며 사회 밖으로 내던져진다.

요약하자면, 신자유주의 통치의 목적은 자조(self-help) 정신을 바탕으로 자기 경영적인 삶을 영위해 나갈 수 있는 경제적 인간을 양성하는 데 있다. 각 개인은 자신의 인적 자본을 꾸준히 축적·개발함으로써 개인의 안위를 책임지며, 그 행위에 대한 결과의 책임도 개인의 몫이 된다. 실업, 빈곤, 질병 등 과거 복지국가 모델 하에 사회적 영역에 속하였던 리스크들은 더 이상 국가나 사회의 문제가 아닌 개인적 영역으로 치환되어 각 개인이 '자기 돌봄(self-care)'을 통해 미리 대비하고 관리해야 할 문제가 된다. 신자유주의 통치 하에 개인은 주체성의 기술을 통해 스스로를 규제하고 관리하며 그 결과에 대해 전적으로 책임지는 존재로 규율화 된다(Lemke 2002, 59).

따라서 신자유주의 통치 전략은 이러한 자기 관리를 유도하는 제도적·문화적 요건을 마련하는 데 있으며, 싱가포르는 이러한 기제가 잘 작동하는 국가 중 하나이다. 싱가포르는 일찍이 반(反)복지 철학을 바탕으로 사회안전망에 대한 1차적 책임이 개인에게 있음을 꾸준히 강조해 왔으며, 이 과정에서 싱가포르인들은 경쟁력 있는 노동자이자 자기 동기 부여로 자신의 잠재력을 극대화할 의지를 가진 경제적 주체로 규율화 되어 왔다.

다음 장에서는 싱가포르의 고용에 기반을 둔 사회안전망과 직무역량강화 제도들이 신자유주의적 통치와 어떠한 연관성을 갖는지 살펴보고자 한다.

Ⅲ. 싱가포르의 신자유주의적 통치 기술

1. '고용'에 기반을 둔 사회안전망: '개인의 안위는 개인이 책임지는!'

싱가포르 정부는 일찍이 기본적 사회안전(social safety)에 대한 책임을 개인이 지는 자립형 사회보장제도를 확립하였다. 기본적으로 개인이 수입을 통해 자신과 가정의 안위를 책임지는 구조이기 때문에 안정된 혹은 고수입을 창출하는 직업을 갖는 것은 싱가포르인들의 가장 큰 목표이다. 가정 내에서 자립이 해결되지 않을 경우 공동체 내 자원봉사단체가 이를 보완하며, 국가의 공적 부조는 신체·정신적 장애 등으로 경제적 자립이 불가능한 국민에 한해 최소한으로 적용된다. 일시적으로 어려움을 겪는 사람에게도 국가 지원이 제공되나, 이는 한시적·조건적 지원으로 한정된다. 정부는 도움을 청할 가장 마지막 단계로 인식되며, 그 공적 원조 또한 수혜자들이 궁극적으로 다시 자립할 수 있도록 돕는 데 초점을 두고 있다.

집권당인 인민행동당(People's Action Party: PAP)은 본래 사회민주주의를 토대로 창설된 당이었지만 사회민주주의적 복지 모델을 철저히 거부하였는데, 이는 리콴유의 회고록을 통해 잘 나타나 있다.

> 우리는 1970년대 [유럽의] 상황을 통해 정부가 가장의 기본적인 의무를 책임져 주면 사람들 안의 내적 욕구가 약화된다는 것을 알았다. 복지는 자립을 약화시켰다. 사람들은 가족의 안위를 돌보기 위해 일하지 않아도 되었다. 보조금을 받는 것이 생활이 되었다. 동기와 생산성이 떨어지자 내리막길은 끝이 없었다. 세금을 너무 많이 내다 보니 사람들은 성취욕을 상실했다. 그들은 자신들의 기본적인 욕구를 충족함에 있어 국가에 의존하였다. 우리[싱가포르 지도자들]는 가장이 자신들의 부모, 아내, 자식을 책임지는 유교 전통을 강화하는 것이 최선책이라 생각하였다(Lee 2000, 104).

싱가포르 지도층의 이러한 반(反) 복지 철학은 자립과 자조 정신을 바탕으로 각 개인이 자신 혹은 가족 구성원의 기본적 사회안전망에 대한 비용을 충당하는 중앙적립기금(Central Provident Fund: CPF) 제도를 낳았다. 영국 식민지 독립 직전인 1955년 도입된 CPF는 본래 싱가포르 거주민들의 연금 제도로 설계되었으나, 점차 주거, 의료, 자녀 교육, 종신연금을 포함하는 종합사회보장제도로 발전하였다. 일종의 강제 저축 제도인 CPF는 근로자와 고용주가 임금의 일정 비율을 매칭 펀딩해 CPF 계좌에 납입하는 형태를 띠고 있으며, 납입금은 연령과 소득별로 차등 적용된다.[6] 싱가포르 정부

6 평균적으로 50세 이하 근로자의 경우 근로자와 고용주가 각각 월급의 20%, 17%를 납

는 적립금에 대해 최소 시중은행의 이자율을 보장하고, CPF의 모든 계좌에 대해 면세 혜택을 제공한다.[7]

CPF의 주목적이 은퇴 연령 이후의 노후자금 확보이니만큼 은퇴 연령 전에는 매우 제한된 경우에만 사전 인출이 가능하다. 싱가포르 국민은 CPF 적립액을 본인, 배우자 혹은 자녀의 고등교육 학자금으로 인출할 수 있으며, 주택 구입 시 초기 자금 불입이나 원리금 상환액으로 활용할 수 있다. 공공주택(HDB)의 경우 정부가 99년 동안의 사용권을 부여하는 장기 임대 형식으로 분양가를 민간주택에 비해 낮게 책정하고 있으며 저금리 대출이 가능하다. 공공주택 구입 시 월 원리금 상환액이 CPF 납입액 수준을 웃돌기 때문에 싱가포르인들은 추가적인 금전 부담 없이 집을 구입할 수 있으며, 따라서 싱가포르의 자가 주택 보유율은 90.7%(2017년 기준)에 이른다.[8]

CPF 가입자가 만 55세가 되면 일반계정과 특별계정 적립액을 합산한 은퇴계정이 설립되며 은퇴계정에 적립된 금액을 바탕으로 종신염금인 CPF Life에 가입하여 연금 혜택을 받는다. CPF Life

---

입하며, 납입금은 일반계정(주택 구입, 교육비, 투자용), 특별계정(노후 연금, 은퇴 관련 상품 투자용), 의료계정(의료비 및 의료 보험료 지출용)으로 나뉘어 관리된다.

7 일반계좌는 2.5%, 특별계좌와 의료계좌는 4%의 최소 이자를 보장하고, 계정 합산 최초 S$60,000에 대해서는 1%의 추가 이자가 적용된다.

8 싱가포르 통계청 홈페이지
http://www.singstat.gov.sg/statistics/visualising-data/charts/home-ownership-rate-of-resident-households (검색일: 2017.12.24)

는 일종의 거치연금으로 수급 가능 나이로부터 가입자가 생을 마감할 때까지 지급된다. 연금이 각 개인이 저축한 노후자금을 바탕으로 개인 계좌에서 따로 관리된다는 점에서 연금 운용의 위험성을 공동 부담(risk-pooling)하는 다른 국가의 연금 제도와는 차별성을 가진다. 따라서 연금에 대한 부담을 다음 세대로 미루지 않으며 소득 재분배의 효과도 없다. 싱가포르 지도층이 노후에 대한 책임을 각 개인 스스로 지는 방식이 더욱 공정하다고 여겼기 때문이다(Lee 2000, 105).

싱가포르 정부는 노후자금 증식을 위해 CPF 일반계정과 특별계정 적립액의 일부를 정부가 승인한 금융 및 실물 자산에 투자할 수 있도록 허가하고 있다. CPF 가입자들은 정부가 인가한 국내 은행에 투자 계좌를 개설한 후 국채, 연금보험, 투자성 보험, 단위 신탁 등에 투자할 수 있다. CPF 투자제도(CPF Investment Scheme: CPFIS)의 목적이 은퇴자금의 증식에 있는 만큼 CPFIS의 수익은 CPF 계정에 재불입되어야 한다. 최소 이자율이 보장되는 CPF 계정과는 달리 CPFIS는 일종의 민간 투자로 최소 수익률이 보장되지 않기 때문에 신중한 투자가 요구된다. 정부는 CPF 자산에 대한 민간 투자를 허용함으로써 자산 증식의 기회를 제공할 뿐이지, 그 행위 결과에 대한 책임은 오롯이 가입자에게 있음을 강조하고 있다. 시장에서의 개인의 합리적 선택을 가정하고 그 선택에 대한 책임 또한 개인 몫으로 돌린다는 점에서 신자유주의적 통치 논리가 잘 나타난 제도라고 볼 수 있다.

싱가포르의 의료 서비스도 CPF 제도와 연동되어 있다. 싱가포르 국민은 기본적으로 메디세이브(Medisave)라는 CPF 의료계정에 적립된 금액으로 외래 진료비나 입원비를 충당한다. 정부가 규정한 특별 치료 목록 외에는 중증 질환에만 인출이 허락된다. 정부의 의료재정 안성화를 위해 가벼운 질환에 대한 진료비는 의료계정 적립액 인출이 아닌 개인이 추가 지출로 부담하도록 설계되었다. 중증 및 장기 질환으로 거액의 비용이 소요되는 진료의 경우 공공의료보험제도인 메디쉴드라이프(Medishield Life)를 통해 충당하는데, 연간보험료는 메디세이브 적립액을 통해 지불 가능하며, 정부는 과도한 의료비 지출을 막기 위해 일정액 전액본임부담금제(deductible)와 본인일부부담금제(co-insurance)를 적용하고 있다. 리콴유는 각자의 CPF 계정에서 의료비나 의료보험비가 지출되는 것은 과잉 진료를 제한한다는 점에서 도덕적 해이를 막았다고 평가하였다(Lee 2000, 105).[9] 2000년대 들어와 고령화로 인한 노년층의 의료비 부담이 커지자 정부는 일부 보험회사들과 파트너십을 맺고 CPF 적립금으로 사기업 보험 상품의 구매를 권장하는 '통합보험제도(Integrated Shield Plans)'를 도입하였다. 사기업 보험 상품 구매로 정부가 제공하는 메디쉴드를 업그레이드하여 추가 혜택을 받으라는 것이다. 이는 사기업의 의료보험 상품 구매를 독려함으로써 의

9 메디세이브, 메디쉴드라이프로 의료비를 해결할 수 없는 저소득층은 정부가 세금으로 운영하는 의료보험제도인 메디펀드(Medifund)를 통해 의료비의 일부를 보조받을 수 있다.

료비 증가에 대한 정부의 부담을 줄이기 위한 시도로 볼 수 있다.

앞서 살펴본 바와 같이 싱가포르 국민은 CPF라는 일종의 강제 저축을 통해 주거, 교육, 은퇴 자금, 의료비를 충당한다. 다시 말해, CPF는 기본적 사회보장의 책임을 각 개인이 책임지도록 장려하는 제도이며, 이는 개인이 노동을 통해 최소 30여 년간 꾸준히 수입을 창출해야 한다는 전제가 뒷받침 된다. 따라서 CPF는 국가가 개인의 노동시장 편입을 강제함으로써 각 구성원이 전 생애에 걸쳐 경제적 인간으로 활동하도록 고안한 통치 기제로 볼 수 있다. 특히 CPF와 주거정책의 연동은 싱가포르 국민들의 근로 의욕을 고취시키는 가장 큰 동기로 작용한다. 90%에 육박하는 자가주택 보유율 달성을 이끈 싱가포르의 주택 정책은 싱가포르를 복지 국가의 변종 형태로 분석하는 근거가 되기도 하지만(Phang 2007; 허용창 2013), 그 이면에는 신자유주의적 통치성이 작동하고 있다. CPF 계좌를 통한 모기지(mortgage) 지출은 정규 직장에서 얻는 고정 수입이 있어야 가능한 만큼, 정부의 자가소유 지원 정책은 국민들을 산업 노동 인구로 탈바꿈시키는 데 큰 역할을 했기 때문이다(Huat 2015, 216).

독립 직후 부존자원이 없던 싱가포르로서는 외자 유치를 통한 국가 주도 경제 성장을 도모할 수밖에 없었고, 이를 위해서는 주로 농업에 종사하던 토착민(말레이계)들과 아직 국가 정체성을 느끼지 못하던 중국계·인도계 이민자들을 유순한 노동자들로 규율화시켜 국가 경제에 편입시켜야 했다. 토지 국유화를 통해 저렴한 공공주택을 제공하고 CPF 적립액을 활용해 공공주택을 구입하게 한 것은 자국 국민의 노동 시장 참여를 유도하는 효율적 기제로 작용하였다(Sim 2005). 주택의 초기 자금 불입과 모기지 비용을 충족시키기 위해서는 장기적이고 지속적인 고용이 뒷받침되어야 하기 때문이다. 시간이 흘러 주택 가격이 상승함에 따라 외벌이로는 주택 구입을 충당할 수 없게 되자 맞벌이 가정이 늘게 되었다. 과거 가사에 종사하던 여성들도 추가 노동 인력 혹은 경제적 자원으로 편입된 것이다(Teo 2013, 395).

싱가포르는 '고용에 기반한' 사회안전망을 추구하고 있기 때문에 정부는 어려움을 겪고 있는 사람들에게 직접적인 금전 지원을 하는 것을 기피해 왔다. 실업자들에게 주어지는 실업 급여 혜택도 없다. 싱가포르 정부가 실업자들을 위한 최선의 해결책은 재정적 지원이 아니라, 그들이 재취업을 할 수 있도록 돕는 것이라는 입장을 고수해 왔다. 그러나 2000년대 들어와 빈부격차 문제가 주요 사회 이슈로 대두되면서 정부는 저소득층이 '근로를 지속한다는 조건 하'에 생활비와 직업 훈련비를 보조하는 일종의 노동연계복지(workfare)를 시행하고 있다.

노동연계복지 제도는 '노동연계 수입 보조제도(Workfare Income Supplement: WIS)'와 '노동연계 훈련 지원제도(Workfare Training Support: WTS)로 나누어진다. WIS는 구직에 취약한 저임금 근로자들의 경제 참여율을 높이기 위해 2007년 도입되었는데, 2017년 기준 월 소득 SGD 2,000 이하를 받는 35세 이상의 싱가포르인이 최소 3개월 이상 노동에 종사할 경우 연령에 따라 연 SGD 1,400~3,600의 보조금을 CPF 계좌를 통해 수령할 수 있게 만든 제도이다.[10] 2010년 도입된 WTS는 정부가 저임금 근로자들과 장애인의 직업 훈련 프로그램을 보조함으로써 이들이 계속 노동시장에서 활동할 수 있도록 돕는 프로그램이다. 2017년 기준 고용주가 월 소득 SGD 2,000 이하의 35세 이상 근로자나 13세 이상의 장애인의 직업 훈련을 후원할 경우 정부가 95%의 훈련비와 근로자 결근으로 발생하는 손해를 지원한다.[11] 저임금 외국인 노동자의 유입으로 자국 국민들의 노동시장 경쟁력이 약화되자, 이들이 직업 훈련을 통해 구직 선택의 폭과 취업 가능성을 높일 수 있도록 돕고자 고안된 프로그램들이다. 싱가포르의 노동연계복지는 빈부 격차 해소 차원에서 뒤늦게 도입된 재정 보조 프로그램의 일환이지만, 저소득층에 대한 지원도 지속적인 노동 시장의 편입을 장려하는 데 중점을 두고 있다.

빈부 격차 확대로 2010년대 들어와 최저임금 도입 필요성에 대한 목소리가 높아지자 정부는 최저임금 대신 2015년 청소, 환경미화, 경비 용역업체 등 저임금 산업에 종사하는 노동자들의 초봉 하한선(basic salary)을 보장하고 근로자의 숙련도 향상에 따라 임금을 점차 개선하는 점진적 임금개선 제도(Progressive Wage Model)

---

10 연령이 높을수록 보조금이 높아지며 월수입이 증가함에 따라 보조금 액수도 줄어든다.

11 기관 고용자가 아닌 개인 지원자의 경우, 정부는 훈련비의 95%를 지원하고 시간당 SGD 4.5의 훈련 수당을 제공한다.

를 도입하였다. 소위 '임금 사다리'를 설정하여 저임금 노동자들이 숙련도에 따라 커리어를 발전시키고 직무능력 향상을 기반으로 더 높은 임금을 받을 수 있도록 보장한 것이다. 최저임금 도입을 통해 임금불평등 문제에 대한 부담을 기업에게 전가시키지 않고 근로자들이 직업훈련과 생산성 향상을 통해 기업으로부터 더 높은 임금을 받을 수 있도록 유도하기 위함이다. 연봉의 하한선을 설정한다는 점에서 최저임금제랑 유사한 성격을 지니고 있지만 정부는 점진적 임금개선 제도가 최저임금제와는 본질적으로 다르다는 점을 피력하고 있다.

타르만 샨무가라트남(Tharman Shanmugaratnam) 부총리는 최저임금제가 임금 상승에 대한 부담을 기업에 가중시킴으로써 고실업을 초래하고 그 여파로 가장 피해를 입는 사람들은 경쟁력이 낮은 저숙련 근로자인 반면, 점진적 임금 개선 모델은 저임금 근로자가 기술이나 숙련도 향상을 통해 임금 상승 가능성을 높이는 것이라고 강조하였다(Hussain 2014). 친기업 환경 조성을 국가 생존 전략으로 삼고 있는 싱가포르로서는 기업 수익 창출에 영향을 줄 수 있는 최저임금제가 아닌, 저임금 근로자들이 숙련도 향상으로 구직 경쟁력을 갖춤으로써 그에 상승하는 임금 상승을 누릴 수 있도록 유도한 것이다. 이는 앞서 언급한 노동연계복지제도와 마찬가지로 저소득층에게 직무능력 향상에 따른 단계적 임금 상승이라는 인센티브를 제공해 경쟁적 시장에의 참여를 유도한다는 점에서 신자유주의적 통치의 한 부분으로 이해할 수 있다.

2. 끊임없는 고용경쟁력 강화: SDF부터 SkillsFuture까지

앞서 살펴본 바와 같이 싱가포르의 사회적 안전망은 개인의 지속적인 노동 활동을 전제하고 있다. 고용 활동 없이는 CPF를 통해 제공되는 기본적 사회 보장 혜택을 누릴 수 없기 때문이다. 그렇다고 해서 정부가 적극 개입하여 케인즈식 완전 고용을 도모하는 것은 아니다. 고용 문제는 시장에 맡기되, 개인들의 고용 능력 제고를 통해 지속적으로 경제 활동을 할 수 있게끔 유도하는 것이 싱가포르 고용 정책 기조이다. 싱가포르 정부는 독립 직후부터 '생존' 이데올로기를 통해 국민들이 경제 성장에 필요한 기술과 지식을 습득해야 함을 강조해 왔다. 소국 싱가포르가 생존하기 위해서는 국민들이 외부 환경 변화에 유연하게 대처할 수 있는 능력을 길러야 한다고 생각했기 때문이다(Sung 2006, 138). 따라서 고용가능성 제고를 위한 '역량강화'와 '글로벌 경쟁력 강화' 등은 싱가포르 사회를 지배하는 주요 담론이었으며, 이러한 담론은 정부 주도의 직무능력향상 제도를 통해 더욱 공고화 되었다.

싱가포르는 1960년대 저렴한 노동력을 바탕으로 노동집약적 산업을 유치하였는데, 1970년대 들어와 노동집약적 산업이 한계에 이르자 1979년 자본·기술집약적 산업을 중심으로의 전환을 도모하였다. 이로 인해 기존의 저숙련 근로자들을 직무능력 향상이 요구됨에 따라 정부는 1979년 '기술개발세금법(Skills Development

Levy Act)'을 제정하고 '기술개발기금(Skills Development Fund: SDF)'을 설립하였다. 기술개발세금법에 따르면 외국기업을 포함해 모든 고용주들은 고용자들에 대한 기술개발세금(Skills Development Levy: SDL)을 월별로 지급해야 하며, 이 세금은 기술개발기금(SDF)으로 전환되어 근로자들의 직무능력향상을 위해 쓰이게 된다.[12] 근로자들의 직무능력 향상에 대한 일종의 책임을 고용주들에게 강제 부여한 것으로써, 고용주들이 노동 인력의 기술 향상에 투자하도록 독려한 것이다.[13] 1983~1987년 사이에는 상대적으로 새로운 기술 습득에 어려움을 겪는 노년층에 대한 재교육 프로그램들도 도입되었다.[14] 1996년에는 기술재개발프로그램(Skills Redevelopment Programme: SRP)을 추가로 도입하여 SDF를 보완하였다. SRP의 주목적은 비숙련 혹은 저숙련 근로자들이 새로운 기술 습득을 통해 취직 능력을 고취시키는데 있으며, 근로자가 직무 훈련 프로그램 참여로 인해 결근이 발생할 때 해당 근로자의 월급에 대한 보조금을 정부가 지원하는 형태로 이루어졌다.

12 2017년 기준, 고용주들은 근로자 월급의 0.25%, 최소 SGD 2에서 최대 SGD 11.5까지를 SDL로 지불해야 한다.

13 혼 수이 센(Hon Sui Sen) 당시 재무부 장관은 해당 세금은 근로자들의 직무능력 향상에 노력을 하지 않고 저임금 노동력에 의존하려는 고용주들을 벌하기 위해 고안된 세금이라고 설명하였다. http://eresources.nlb.gov.sg/history/events/98e1b55f-093d-4d44-b219-d51f6a38c313 (검색일: 2018.1.5.)

14 '평생교육훈련제도(Continuing Education and Training: CET)' 하에 'BEST(Basic Education for Skills Training)', 'Work Improvement through Secondary Education(WISE)', 'Modular Skills Training(MOST)' 프로그램 등이 시행되었다.

본래 SDF는 재무부에 의해 관리되었으나 아시아 외환위기 이후 국민들의 취업 능력 제고 필요성이 심화되자 싱가포르 정부는 2003년 인력개발청(Workforce Development Agency: WDA)을 신설하여 직무능력 향상 필요성에 대한 담론을 더욱 적극적으로 확산시켰다. 인력개발청은 노동 인력의 직무 교육을 조율하기 위해 설립된 인력부 산하기관으로서 근로자와 구직자들이 변화하는 싱가포르 경제의 니즈(needs)를 충족할 수 있도록 이들의 취업 능력과 경쟁력을 강화하는 데 중점을 두었다.

> 싱가포르 경제의 재구조화로 인해 일부 직업군들이 사라짐에 따라 근로자들의 기술들도 유의미하지 않게 될 위기에 처하였다. 그러나 우리는 새로운 일자리를 창출할 것이다. 따라서 근로자들은 고용을 유지하기 위한 새로운 기술과 역량을 습득해야 한다. 인력개발청의 주요 목표는 바이오과학, 관광 산업과 같이 새롭게 창출되는 일자리를 차지할 자국 인력을 양성하는 것, 수요가 적은 산업의 기술을 보유하고 있는 근로자들을 재교육시켜 고도 성장 산업에 종사할 인력으로 탈바꿈 시키는 것, 직업훈련 프로그램 제공을 통해 저숙련 노동자들의 취업 가능성을 높이는 것이다.[15]

상기 인력개발청 홈페이지의 기관 소개 글에서 알 수 있듯이, 정부는 싱가포르 국민들이 변화하는 경제 환경에 적응하여 지속적으로 고용을 유지해야 한다는 점과 정부가 이를 적극적으로 도

---

15 http://eresources.nlb.gov.sg/webarchives/details/app2.wda.gov.sg.web.Common.homepage.aspx.html (검색일: 2018.1.5.)

울 의지가 있음을 강조하고 있다.

2015년에는 외국인 근로자 유입 제한에 따른 인력 공백을 자국민으로 대체하고 싱가포르 미래 경제를 책임질 인재 양성을 위해 자국민의 역량강화 정책(SkillsFuture Initiative)을 도입하였다. 리셴룽 총리는 싱가포르의 도전과제와 해결책을 제시하는 연설에서 SkillsFuture 정책 도입 배경에 대해 아래와 같이 설명한 바 있다.

> 기존 일자리의 상당수가 이렇게 [컴퓨터로 인해] 사라질 것이다... 우리는 그런 변화에 앞서 나가야 하며 싱가포르의 근로자들과 기업체들이 미래 경제에 대처할 수 있도록 준비시켜야 한다. 이것이 정부가 SkillsFuture를 국가 정책으로 도입한 이유이다. SkillsFuture는 싱가포르인들이 [미래 경제에] 탄력적이고 적응할 수 있도록 돕는 데 중요한 역할을 할 것이다. SkillsFuture에 제대로 참여만 한다면 우리 국민은 삶의 매 단계마다 필요한 교육을 통해 [고용] 기회를 최대한 부여받을 수 있을 것이다. 일자리가 바뀌면 당신의 기술도 바뀌어야 한다. 나이가 든다고 과거에 배운 기술에만 의존할 수 없다. 새로운 기술을 배워 새로운 일을 해야 한다 (Lee 2015).[16]

리셴룽 총리는 상기 연설에서 불확실한 미래 경제에 대비하기 위해서는 과거의 직무능력에만 의존해서는 안 되며 평생에 걸

16 2015.6.30. 싱가포르경영대학교(Singapore Management University) 연설에서 발췌. http://www.pmo.gov.sg/newsroom/pm-lee-hsien-loong-ho-rih-hwa-leadership-asia-public-lecture-series (검색일: 2017.1.17.)

친 자기계발을 통해 고용을 유지할 수 있도록 대비해야 한다고 강조한다.

기존 인력개발청의 정책이 성인 노동 인력의 직무 교육에 초점을 맞추었다면, SkillsFuture 정책은 평생 교육을 강조하고 있다. 정부는 SkillsFuture Singapore(SSG)이라는 산하기관을 설립하고 그동안 따로 관리되고 있던 학교 교육, 직무 교육, 커리어 개발을 하나로 통합해 운영하는 평생 교육 시스템을 구축토록 하였다. 정부는 SkillsFuture가 단순히 직무능력 향상 프로그램이 아니라 매 삶의 단계마다 새로운 기술과 능력을 학습함으로써 평생 동안 배움의 즐거움을 추구하는 평생 교육 프로그램이라고 소개하고 있다. 그러나 "당신의 기술, 당신의 자산, 당신의 미래(Your skills, Your asset, Your future)"라는 슬로건에서 알 수 있듯이 끊임없는 자기계발을 통해 미래 일자리에 대비해야 한다는 정부의 메시지가 포함되어 있다.[17] 실제로 SkillsFuture 제도 하에 진행되는 대다수의 프로그램들이 직무향상 프로그램들이다. 가장 대표적인 프로그램이 'SkillsFuture Credit Scheme' 으로서 25세 이상 싱가포르 국민이 정부 인가 기관에서 직무역량강화 프로그램을 이수할 경우 정부 보조금을 제공하는 것이다. 이 외에도 연령층별로 다양한 교육 및 인센티브 지원 프로그램이 제공되고 있으며, 정부는 이러한 프로그램들을 통해 싱가포르 미래 경제 수요에 맞는 산업, 즉 정부가 지정한 유

17 http://www.skillsfuture.sg/AboutSkillsFuture (검색일: 2017.1.17.)

망 산업 분야에 종사할 인력들을 양성하려 하고 있다.

그림 1 인민행동당(PAP)의 SkillsFuture 홍보 포스터[18]

SkillsFuture 프로그램을 도입하면서 타르만 샨무가라트남(Tharman Shanmugaratnam) 부총리는 나이와 최종 학력에 상관없이 직무 능력을 향상시키고자 하는 목표만 있으면 누구든 정부의 지원을 받을 수 있다면서 생애 전체에 걸친 '평생 교육'은 싱가포르 국민의 경쟁력을 지속적으로 향상시킬 것이라 강조하였다.

> 학교를 졸업한 후 10년 혹은 20년 후에 무슨 일을 하게 될지 아무도 정확히 내다볼 수 없다. 우리가 어렸을 때 배우는 것은 [평생에 거쳐 해야 할] 개인 학습 혹은 자기 재생(self-renewal)의 시작일 뿐이다. 우리는 변화하는 노동 시장에 적응해야 하며, 인생을 살아

18 출처: https://www.pap.org.sg/Building-on-SkillsFuture-initiative-in-2016/Article (검색일: 2017.12.22.)

가면서 우리 안에 있는 새로운 경쟁력(strengths)을 발견할 수 있다(Tharman 2016).[19]

타르만 부총리의 상기 발언에서 알 수 있듯이 싱가포르 정부는 국민들이 연령과 상관없이 변화하는 시장 환경에 적응할 수 있는 기술과 경쟁력을 끊임없이 습득해야 함을 강조하고 있다. 정부의 역량강화 정책들은 국민들이 싱가포르 경제가 필요로 하는 산업에서 매력적인 구직자 혹은 근로자가 될 수 있도록 도움을 주는데 목표를 두고 있으며, SkillsFuture 정책은 이러한 '의지'를 가진 사람들을 도와줄 다양한 프로그램을 제공하고 있다.

그러나 이러한 역량강화 정책들은 국민들로 하여금 고용 유지의 1차 책임은 정부가 아닌 개인의 자기계발에 달려 있다는 사고방식을 갖게 한다. 또한 글로벌 자본주의 경제의 구조적인 문제 혹은 경기 침체로 발생하는 실업 문제를 고용을 유지할 역량이 부족했던 개인 탓으로 돌림으로써 정부가 구조적 실업에 대한 책임을 회피할 명분을 주기도 한다(Liow 2012, 257). 리셴룽 총리는 앞서 연설에서 국민들이 정부의 지원 정책에 제대로 참여만 한다면 평생교육을 통해 고용 기회를 최대한 부여받을 수 있을 것이라 강조

19 "Shop for new skills at supermarket-styled roadshow for SkillsFuture Credit", Straits Times, January 9.
http://www.straitstimes.com/singapore/education/shop-for-new-skills-at-supermarket-styled-roadshow-for-skillsfuture-credit (검색일: 2018.1.5.)

한 바 있다. 불확실한 미래 경제에 앞서 정부의 역할은 개인이 노동 시장에서 경쟁력을 담보할 수 있도록 여러 지원책을 제공하는 데 머무르며, 결국 실업의 책임은 자기 계발을 소홀히 함으로써 경쟁력 있는 노동 인력이 되지 못한 개인에게 전가되는 것임을 시사한다.

2015년 이후 세계 경제의 불확실성이 더욱 커지자 정부는 싱가포르 국민이 구직 및 비즈니스 기회를 국내로 한정짓지 않고 해외에서의 기회를 적극적으로 모색하도록 독려하고 있다. 글로벌 경제의 성장 부진과 반(反) 세계화 흐름이 대외경제의존도가 높은 싱가포르 경제를 위협하자 싱가포르 정부는 2016년 미래경제위원회(Committee on Future Economy: CFE)를 구성하고 2017년 향후 싱가포르 경제발전을 위한 비전, 전략, 성과 목표 등을 담은 CFE 보고서를 발표하였다.

불확실한 경제 상황을 대비하기 위해 CFE가 내놓은 주요 해결책 중 하나는 국제 연계성의 심화이다(CFE 2017). CFE 보고서는 미국과 유럽의 보호무역주의에 대응하여 성장 잠재력이 높은 대아시아 협력·투자를 강조하는 한편, 다양한 국제화 프로그램을 통해 자국민들이 글로벌 잠재 시장에 대한 지식을 확보함으로써 사업·구직 기회를 넓힐 것을 강조하였다. '미래 일자리와 기술'에 대한 CFE 분과위원회는 아래와 같이 싱가포르 기업과 국민들이 변화하는 경제 상황에 적극적으로 대비할 것을 강하게 권고하고 있다.

> 싱가포르의 경제성장과 일자리 창출의 다음 단계를 견인하기 위해서는, 우리 기업들은 확장적인 사고방식을 갖고 글로벌 · 역내 시장을 활용할 기회를 잡아야 한다. 싱가포르인들은 해외 진출 모색을 위해 더 큰 모험심, 기업가 정신, 국제적 세계관을 가질 필요가 있다(CFE 2017, 102).

CFE 보고서는 급변하는 미래 경제 속에서 저임금 노동자들뿐만 아니라 고연봉의 전문직 종사자들도 완전한 고용보장을 장담할 수 없음을 피력하며, 싱가포르인들이 친숙하고 안락한 국내(comfort zone)를 떠나 새로운 기회를 찾기 위해 국제무대로 나아갈 것을 강조하고 있다. 국제 경쟁력을 바탕으로 어디에서나 성공할 수 있는 글로벌 인재가 되어야 한다는 것이다(Fang and Choo 2017). SkillsFuture 정책과 마찬가지로 CFE 보고서의 권고 조치 내용들은 실업의 책임이 경쟁력 강화에 소홀히 함으로써 현존한 기회를 잡지 못한 개인에게 있음을 암시하며, 이러한 담론 하에서 개인은 자립적이고 경쟁력 있는 주체가 되기 위한 노력을 경주할 수밖에 없게 된다.

Ⅳ. 맺는 말

이 글은 통치성 학파의 신자유주의 분석에 기반을 두어 싱가포르 국민들이 어떻게 '스스로를 돌보는' 자기 경영적 주체로 양성되는지를 고찰하였다. 싱가포르 정부는 정부의 복지 부담을 줄이고자 국민들이 '고용의 지속성'을 바탕으로 자신의 생을 책임지도록 유도해 왔다. CPF 제도 하에서 각 개인은 자신의 수입을 바탕으로 주거, 의료, 교육, 노후 등의 기본적 사회안전에 대한 책임을 지게 된다. 지속적인 고용 활동 없이는 CPF 제도에 의해 제공되는 혜택을 받을 수 없기 때문에 CPF는 싱가포르 국민이 전 생애에 걸쳐 노동 활동을 영위하도록 하는 효율적 통치 기제로 작용해왔다.

더 나아가 정부는 싱가포르인들이 평생 고용을 통해 자기 삶을 스스로 돌보는 주체로 살아갈 수 있도록 국민들이 직무 경쟁력 강화에 힘쓸 것을 끊임없이 강조해왔다. SkillsFuture와 같은 직무 역량강화 제도와 캠페인들은 국민들이 끊임없는 자기 계발 노력을 통해 미래 경제가 필요로 하는 분야에서의 구직 가능성을 높일 수 있도록 독려하고 있다. 한편, 고용에 대한 정부의 역할은 각 개인이 노동 시장에서 경쟁력을 고취시키도록 돕는 데 한정되고, 글로벌 저성장이나 산업 구조 변화 등에 의한 실업의 1차적 책임도 변화하는 경제 환경에 적절히 대비하지 못한 개인에게 돌아간다. 싱가포르 정부의 이러한 정책들은 정부의 통치가 자기 규제를 유도하는 형태로 행사된다는 점에서 신자유주의적 통치의 일환이라고 볼 수 있으며, 이 과정 속에서 각 개인은 자기 관리를 전적으로 책임져야 하는 존재로 인식되고 규율화된다.

싱가포르에서 이러한 신자유주의적 통치가 힘을 얻게 된 것은 싱가포르 정부가 건국 초기부터 강조해온 '생존 이데올로기'와 깊은 연관성을 갖는다. 말레이 연방에서 원치 않던 독립을 한 싱가포르의 가장 중요한 과제는 단일 국가로서의 '생존'이었으며, 국가 차원의 경제적 자립을 우선시한 이 생존 이데올로기는 경제 영역을 넘어 싱가포르인들의 삶 전체를 좌우하는 통치 이성이 되었다. 독립 직후 싱가포르 국민들은 생존 이데올로기 하에 국가 '경제 성장'에 기여할 의지와 능력을 갖춘 국민이 되도록 요구 받았으며, 이는 평생에 걸친 고용을 통해 자기 자신의 삶을 스스로 돌볼 수 있는 신자유주의적 주체 양성으로 이어졌다. 싱가포르의 생존 이데올로기는 1인당 국민소득(PPP 기준)이 8천만 불이 넘는 선진국으로 도약한 현 시점에도 유효하며, 국민들이 변화하는 경제 환경에 능동적으로 대처 할 수 있는 경쟁력 있는 근로자, 혹은 자신의 자산을 바탕으로 스스로 노후를 책임질 수 있는 경제적 주체가 되도록 독려하는 이념적 수단으로 활용되고 있다.

앞서 주지하였듯이 이 글은 싱가포르를 신자유주의 국가로 정의하고자 하는 것이 아니다. 싱가포르의 '자기 돌봄'을 유도하는 제도와 신자유주의적 통치의 연관성을 밝히는데 그 목적이 있으며, 통치성 측면에서 싱가포르의 신자유주의 영향력에 대한 분석 범위를 확대하였다는 점에 의의를 갖는다. 후속 연구에서는 싱가포르에서 이러한 신자유주의적 통치술이 효력을 발휘하게 된 배경, 특히 생존 이데올로기가 신자유주의적 통치에 미친 영향을 심도 있게 논의하고 이를 통해 싱가포르 사례가 비서구적 맥락에서의 신자유주의 연구에 주는 함의점을 도출하고자 한다.

참고 문헌

김시윤. 2010. “발전국가의 탄력성과 지속성: 싱가포르의 사례.” 『한국행정논집』 22(4): 1187~1204.

서동진. 2009. “신자유주의 분석가로서 푸코: 미셸 푸코의 통치성과 반정치적 정치의 회로.” 『문화과학』 57: 315−335.

허용창. 2013. “싱가포르의 주택정책과 복지국가: 고촉동 정부시기까지를 중심으로.” 『사회복지정책』 40(3): 157−182.

Burchell, Graham. 1996. “Liberal government and techniques of the self.” Andrew Barry, Thomas Osborne and Nicholas Rose(eds) *Foucault and Political Reason: Liberalism, Neo-liberalism, and Rationalities of Government* Chicago: The University of Chicago Press. 19−36.

CFE (Committee on the Future Economy). 2017. *Report of the Committee on the Future Economy: Pioneers of the next generation* https://www.gov.sg/~/media/cfe/downloads/cfe%20report.pdf?la=en (검색일: 2017.12.21.)

Dean, Mitchell. 2010. *Governmentality: Power and Rule in Modern Society* London: Sage Publications Ltd.

Dilts, Andrew. 2011. “From ‘Entrepreneur of the Self’ to ‘Care of the Self’: Neo−liberal Governmentality and Foucault's

Ethics," *Foucault Studies* 12: 130–146.

Fang, Nicholas and Aaron Choo. 2017. "Grooming S'poreans to be global citizens who can thrive anywhere." *Today* February 27. http://www.todayonline.com/singapore/grooming-sporeans-be-global-citizens-who-can-thrive-anywhere (검색일: 2018.1.22.)

Foucault, Michel. 1995. *Discipline & Punish: The Birth of the Prison* Vintage Books: New York.

______. 2009. *Security, Territory, Population: Lectures at the Collège de France 1977-1978* New York: Palgrave Macmillan.

Gordon, Colin. 1991. "Governmental rationality: An introduction." Graham Burchell, Colin Gordon and Peter Miller(eds) *The Foucault Effect: Studies in Governmentality* Chicago: The University of Chicago Press. 1–52.

Haque, M. Shamsul. 2004. "Governance and Bureaucracy in Singapore." *International Political Science Review* 25(2): 227–240.

Harvey, David. 2005. *A Brief History of Neoliberalism* Oxford: Oxford University Press.

Huat, Chua Beng. 2015. "Singapore: Growing wealth, poverty avoidance and management." Yusuf Bangura(ed) *Developmental Pathways to Poverty Reduction* New York : Palgrave Macmillan. 201–229.

Hussian, Amir. 2014. "Targeted wage model can better help vulnerable: Tharman." *Today* January 9. http://www.

todayonline.com/singapore/targeted-wage-model-can-better-help-vulnerable-tharman (검색일: 2018.1.5.)

Lee, Kuan Yew. 2000. *From Third World to First: The Singapore Story 1965-2000* New York: Harper.

Lemke, Thomas. 2002. "Foucualt, governmentality, and critique." *Rethinking Marxism* 14(3): 49-64.

Liow, Eugene Dili. 2012. "The Neoliberal-Developmental State: Singapore as Case-Study." *Critical Sociology* 38(2): 241-264.

Ong, Aihwa. 2006. *Neoliberalism as Exception: Mutations in Citizenship and Sovereignty* Durham and London: Duke University Press.

Pereira, Alexius A. 2000. "State Collaboration with Transnational Corporations: The Case of Singapore's Industrial Programmes (1965-1999)" *Competition and Change* 4(4) : 423-451.

______, 2008. "Wither the Developmental State?" *Third World Quarterly* 29(6): 1189-1203.

Phang, Sock Yong. 2007. "The Singapore Model of Housing and the Welfare State." Housing and the New Welfare State: Perspectives from East Asia and Europe. *Research Collection School Of Economics* Singapore Management University, 15-44.

Robison R., Rodan G and Hewison K (2005) Transplanting the neoliberal state in Southeast Asia. In: Boyd R and Ngo T (eds) *Asian States: Beyond the Developmental Perspective.*

London and New York: Routledge Curzon. 172–198.

Rodan, G. (2004) Transparency and Authoritarian Rule in Southeast Asia: Singapore and Malaysia. London: Routledge Curzon.

Rose, Nicholas. 1996. "Governing "advanced" liberal democracies." Andrew Barry, Thomas Osborne and Nicholas Rose(eds) *Foucault and Political Reason: Liberalism, Neo-liberalism, and Rationalities of Government* Chicago: The University of Chicago Press. 37–64.

Sim, Soek–Fang. 2005. "Social engineering of the world's freest economy: Neo–liberal capitalism and neo–liberal governmentality in Singapore." *Rhizomes* 10. http://www.rhizomes.net/issue10/sim.htm (검색일: 2017.11.25.)

Sung, Johnny. 2006. *Explaining the Economic Success of Singapore: The Developmental Worker as the Missing Link* Cheltenham: Edward Elgar.

Tan, Kenneth Paul. 2012. "The ideology of pragmatism: Neo–liberal globalisation and political authoritarianism in Singapore." *Journal of Contemporary Asia* 42(1): 67–92.

Teo, You Yenn. 2013. "Support for deserving families: Inventing the anti–welfare familialist state in Singapore" *Social Politics* 20(3): 387–406.

Yeung, H, 2000. "State intervention and neoliberalism in the globalizing world economy: Lessons from Singapore's Regionalization Programme." *Pacific Review* 13(1): 133.

심주형

전남대학교 인류학과를 졸업하고, 서울대학교 인류학과에서 석사학위를 취득한 후 미국의 듀크대학교 문화인류학과에서 베트남 북부 국경지역인 랑선성에서 진행한 장기간의 현지조사를 바탕으로 작성한 논문으로 박사학위를 취득하였다. 기억의 정치, 소수민족 및 베트남 사회의 신자유주의화 과정에서 발생한 사회–문화 문제에 관심을 가지고 베트남 북부국경지역과 중부지역에 대한 인류학적 현지조사 및 관련 연구를 진행하고 있다. 현재 서강대학교 동아연구소 HK 연구교수로 재직 중이며, 주요 논문으로 "정처없는 애도, 끝나지 않은 전쟁: 1968년 '후에학살'에 관한 기억의 정치" (한국문화인류학 50, 2017), "'탈냉전시대' 베트남 북부 소수민족 삶의 초국성(trans–nationality)"『열린동남아』(공저, 서강대학교 출판부 2017) 등이 있다.

백용훈

부산외국어대학교 베트남어과를 졸업하고, 연세대학교 대학원 지역학협동과정에서 석사학위를 취득한 후 동 대학원 사회학과에서 베트남 공동체 복지와 보건의료에 관한 북부와 남부의 비교 논문으로 박사학위를 취득(2015)하였다. 주요 관심 분야는 베트남 사회문화, 경제사회학, 비교사회학, 사회자본, 복지, 의료서비스 등이고 현재 베트남 생명보험시장 그리고 온라인 공간에서의 사회적 관계 및 문화적 배태성을 주요 주제로 사회학적 현지조사 및 관련 연구를 진행하고 있다. 최근 논문으로는 "보편적 건강보장을 향한 노정: 베트남 보건의료 부문의 역사·문화적 맥락을 중심으로"(2018), "문화적 가치와 경제적 행위: 베트남 생명보험 시장의 사례"(2017), "제도의 성과와 사회적 배태성: 베트남 북부 남리이와 남부 미호아 마을보건소 비교 연구"(2016) 등이 있다.

정정훈

전북대학교 문화인류학과 학부, 석사, 박사를 졸업하였다. 인도네시아 발리의 중남부 지역에 위치한 뉴꾸닝 마을의 문화관광과 전통의 재구성에 관한 논문으로 박사학위를 취득하였다. "지역관광과 문화정치", "지구화 시대 동남아시아 이주와 사회문화적 영향", "지역문화정책 및 문화발전계획"에 관심을 가지고 있다. 현재 서강대학교 동아연구소 HK연구교수로 재직 중이다. 주요 연구물로는 "'실존적 고유성'과 관광매력물의 재인식: 발리 지역 거주관광객의 문화적 실천"(2017), "생태-문화관광의 현황과 재고찰: 인도네시아 발리 지역의 수박(subak) 사례"(2018) 등이 있다. 현재는 장기간 현지조사를 진행했던 발리 우붓 지역의 전통수리조합의 변화 양상에 대한 연구를 진행 중이다.

최승연

전남대학교 인류학과를 졸업하고 서울대학교 인류학과에서 석사학위를 취득한 후 전남대학교 의류학과에서 박사학위를 취득하였다. 일본 오사카 민족학박물관에서 박사 후 과정을 이수하였고 현재 목포대학교 아시아 문화 연구소 학술 연구 교수로 재직중이다. "실과 베틀로 옷감을 짜다", "한국 전통 평직물"(전남대학교출판부 2014년) 등의 저서 외에도 10여 편의 복식 문화 관련 논문을 발표하였다. 현재는 전라남도 지역의 근 · 현대 직물 문화에 관한 연구를 진행 중이며 동시에 동아시아, 동남아시아 지역권의 근 · 현대 직물 문화와의 비교 연구를 위한 조사 및 연구도 동시에 진행하고 있다.

최인아

숙명여자대학교에서 정보방송학 학사와 국제학 석사를 이수하고, 영국 브리스톨 대학교에서 인도네시아 참여적 거버넌스 개혁 연구로 박사학위를 취득하였다. 인도네시아 국제전략문제연구소(CSIS) 객원연구원, 외교부 주싱가포르 대사관 선임연구원으로 근무한 바 있으며, 현재 서강대학교 동아연구소 연구교수로 재직 중이다. 주요 관심 분야는 개발 원조, 참여적 거버넌스, 커뮤니티 개발, 싱가포르·인도네시아 정치 등이며, 주요 논문으로는 "싱가포르 2017: 포스트-리콴유 시대의 도전과 과제"(2018, 공저), "Socializing Neoliberalism: A Case Study of the National Community Empowerment Program in Central Java"(2016), "Co-opting Good Governance Reform: The Rise of a Not-so-Reformist Leader in Kebumen, Central Java"(2015, 공저) 등이 있다.